文章のレッスン

前田　巍
Maeda Takashi

大修館書店

はじめに

昨今、フリーライターやウェブライター、コピーライターなど、文章を書くことを生業としたいと希望する若者がふえている。いま若者といったが、年齢の幅には相当の開きがあって、ほぼ二四、五歳から三五、六歳まで。年齢層からみても分かるとおり、これらの人々はほとんどが転職希望者で、派遣社員であったりリストラの経験をもっていたりで、普通の勤めから手に職をつけて自立独立して生きていきたいという志をもつ人たちである。

その志は良い。しかし実際に文章を書いてみると、もちろん〝ひと通りのもの〟を書く人がほとんどであるが、中には、書き出しと結末が合わなかったり、一つの文に複数の話題を詰め込んだりで、何が言いたいのかよく分からない書き手も目立つのである。また、用紙の使い方も自己流で、書き出しの文頭や改行の一字アケを怠ったり、カギカッコと二重カギカッコの使い分けを間違えたり、句読点を行頭にもってくるなど、文章を書く初歩的な知識と技術を身につけていない人も多い。この傾向は、いま言った若者たちの予備軍でもある現役の大学生にも、当然のように顕著に表れている。学生たちは日々、論文・レポートに追われる身であるだけに、この現実は深刻である。

筆者は大学で十二年、出版社の文章講座で五年余、これらの人々の指導にあたってきたが、とにかくまず、〝ひと通りの文章〟が書けるだけの基礎的な知識と技術を身につけてほしいと痛感する。それは、一文一義を守り、適切な段落を設け、誤字・当て字がなく、用紙を規則正しく使った、主張の明快な整った文章ということである。こういう言い方をするといささか厳《いかめ》しく、融通のきかない印象を与えるが、実際はそれほどのことではない。ごく常識的なこと、つまり「自分の考えが読み手に正確に伝わる文章」、いわば「伝える力のある」文章を書こうと言っているのである。ひと通りの文章が書ける力のある文章のことを達意性の高い文章、即ち「達意の文」と言う。ひと通りの文章が書けるというのは、この達意の文が書けるということだ。

本書は、志は高い、しかし達意の文を身につけるための基礎知識と具体的な技術に、いま一つ心もとないものを感じている、そういったビギナーを対象とした、平易で実践的な教則本である。プロを目指す人々や、それに続く現役の学生諸君の文章力向上に役立つことを願う一冊である。

二〇〇八年三月

前田　巍

目次

文章のレッスン

第一章

達意の文とその方法

文章の目的は、自分の考えを読み手に正しく伝えることである。そういう文章を「達意の文」という。具体的にはどういう文章なのか、そうでないものと比較するところから、話を始めたい。その後、達意性が基盤となる文章にはどういうものがあるのか、種類別に説明していく。

文章の達意性は、文章そのものだけではない。整然と行儀よく書かれた原稿の美しさも、大きく寄与する。マス目のあるなしにかかわらず、すべての原稿の基本形となる原稿用紙の正しい使い方についても、言及した。

つづいて、「達意の文」を身につけるための基礎的な方法について考える。よく言われる、好きな作家の小説や随筆を一字一句写すといった感情的・徒弟的なやり方ではなく、理性的・自立的なシステム化した方法を提案する。

第1章は、文章の基本を理解し、基礎的技術を身につける方法を知る章である。

第1節　文章の達意性を知る

1　文章は伝わることが大切

文章の目的は「自分の考えを読み手に正しく伝える」ところにある。いくら技巧を凝らした文章でも、自らの主張が正確に伝わらないと、その役目を果たすことはできない。

この正確に伝わる文章を「達意の文」という。達意とは、『明鏡国語辞典』（大修館書店）によれば「自分の考えが他の人によく通じること」、また「よく通じるように表現すること」である。従って達意の文とは、「目的に応じて明確に伝わる、分かりやすい文章」ということになる。

これらは論文・レポート、新聞・雑誌記事、評論などの知的散文[1]や、ビジネス、ウェブ、広告などの実用散文に欠かすことのできない条件である。同時に小説や随筆など、どちらかというと書き手の感性に依拠する文芸散文においても、無視されるものではない。本書で扱う「散文」と呼ばれる一定の文脈をもつ文章においては、この「達意性」は必要不可欠なものであると言わねばならない。

達意の文を書くことは、実は、それほど難しくはない。誤解を恐れずに言えば、誰にでも書ける。なぜなら、それは生まれながらの才能によるのではなく、一定の定法（基本的技法）によって書くことができるからである。だからその定法を身につければ、極端な言い方をすれば、簡単だということになる。

生まれついての才能による文章といえば、さしずめ散文では小説・戯曲ぐらいのもので、論文は研究の成果を正確に記述することであり、レポートは調査の結果を間違いなく報告すればよい。随筆にしても、自分の趣味や体験、専門分野の話であり、無から有を生じ、それを感性と文章技能によって表現しようとする小説とは違う。すでに〝書くべき内容がある、それを持っている〟のだから、後はいかに正確に伝えるかということであり、それには一定の方法を知っていれば、それほど難しくはないのである。

ということで、達意性のある文章とはどういうものを指すのか、次にその例を見ることにする。

2　二つの例文を読む

前項で、達意の文を「目的に応じて明確に伝わる、分かりやすい文章」だと説明した。その例を、大学一年生の課題作文で見てみよう。例文(1)は達意性のないもの、例文(2)はあるものである。

課題は「ゴールデンウィークの出来事」。新入学一カ月後の連休での体験を綴ったものである。内容的には素朴なものであるが、それだけに達意性のあるなしが極端に表れて、その違いをはっきり知ることができる。

●例文⑴

◆帰郷

私が生まれた場所は山梨県の山の中である。私は川、山、森、自然が大好きです。それらは私をとても落ちつかせてくれるからだろう。私はスーパーあずさに乗り、実家へ向かった。平塚から八王子へ行き甲府へ向かった。景色は海、ビル、そして山へと変わっていった。というより、黒から緑へと変わっていった。その一方で電車の中は、ずっと灰色でした。タバコの煙の中にうもれる乗客の移動が少なかったからかもしれない。もちろん、その中にいる私も変わらない。甲府駅のホームを出たら一変した。すぐに地元の友人に会い、甲州弁に変わりました。海へ向かって今度は車を走らせた。緑の中を走り、ピンクの中を走り、灰色の川沿いに走った。車の数も、人の数も少なく、ゆったりとした時の中を走った。途中、犬に会い、ねこに会い、甲州弁を話す人々に出会った。なんだか、自分があたたかい人間である気がした。海は真っ青に見えた。本当はよどんでいたのだろう。しかし、私の目には青く見えた。空の青さだったのかもしれない。青い中でひる寝をした。風が車の窓から沢山入ってきた。木々の音がサヤサヤと入ってきた。ねこがじゃれる音が入ってきた。波の音が入ってきた。私も眠りに入っていきました。とても気持ちよくとてもあたたかかった。それと同時にとても不安で、心細くなっていった。大きな自然の中にいる自分が消えてしまいそうな気がしたのです。平塚の海を見て、さらに海が好きになりました。ここには、山もある。私はきっと平塚を大好きになるだろう。木々が風にゆられサヤサヤ言ったり、ザヤザヤ言ったりする。毎日変化する葉の色。私はこの四年間で、どう変化するのだろうか。木々の変化と共に変わっていきたい。ゆっくりと。大きな自然の中に自分がいること、もがいていること、沢山のことを感じながら。たえまない波と共に生きつづけている自分を忘れずに。自然と共に生き、もがき、自分をもっと好きになりたい。それは平塚を好きになることと同じ気がする。平塚にも自然が沢山あるから。その中で自分はもがいているから。今、私は変化していく木々の色を見るのが楽しみでたまらないのです。

●例文(2)

◆幸せなアルバイト

五月一日から、近所のケーキ屋さんでアルバイトを始めた。それまで経験が全く無かったので、時給より何より、店の雰囲気を見てお世話になることにした。始めは緊張の連続で、自分のことで精一杯だった。しかし、日がたつにつれ慣れてきて、いつの間にか周りを見る余裕が出てきた。今は、オーナーが私を採用して下さって良かったと、心から思っている。

　良かったと思う理由の第一は、予想通り店の雰囲気が良いということだ。落ち着いていて、かわいくて、それでいて品もあると感じている。何故か店員の私にも分からないのだが、店と同じ様な雰囲気をもったお客さんが集まるのである。店がそういうお客さんを呼ぶのか、お客さんが店をそうしているのかは不明だが、とにかく優しい空気の中で働けて、本当に幸せだ。

　二つめは、ケーキづくりの過程が見えるということだ。私は主にレジ担当だが、イモの皮をむいたり、簡単なクリームを作ったりもしている。普通の粉や卵から、あんなにかわいいケーキが出来上がっていくのを見ると、もっときれいに、もっとおいしく、という気持ちが自然に大きくなってくる。お客さんに不完全な品は出せないと、アルバイトの身でありながら、強い責任感を感じてしまうのだ。

　始めてまだ少しだが、本当にこの店で働けて良かったと思っている。できるかぎり長く続けたい。そして、もっとケーキを作る方の仕事をしてみたい。そうすればこの感情はもっと大きくなるだろう。

3　文章の達意性を検証する

例文(1)は最初、連休で山梨の実家に帰り、大好きな自然を満喫する話だろうと思って読み始めた。するとすぐ、旧友とドライブで海へ向かったという。山梨県に海はないのにと不思議に思っていると、平塚の海にいるというではないか。いつの間に、出発地に戻ったのだろうか。時空を超えたこの文章は、自然が好きらしいということはともかく、いったい何を伝えたいのか、さっぱり分からない。

この文章には、少なくとも実家に帰るまでの道程、帰ってからの友達とのドライブ、平塚の海での一人きりの物思いという、三つの話が語られている。一つの文章につながらない話が複数あると、読み手は何が言いたい文章なのか、分からなくなるのが普通である。これに比べて例文(2)は、始めから終わりまでケーキ屋さんでのアルバイトの話で、話題が一つ。大変分かりやすい。このように「一つの文章に一つの話題」を書くことを「一文一義」といい、伝達性に優れた文章を書く基本中の基本、文章の達意性を保持する鉄則とされている。これと比較すると、例文(1)はさしずめ「一文多義」とでも呼ぶべきか。まずは伝わらない文章の代表とでも言いたいところである。

例文(2)の分かりやすいところはまだある。書き出しの第一段落で、ケーキ屋さんでアルバイトを始めたことと、それがとても充実した楽しい仕事であることを書き、この文章の内容を最初に明示している点だ。読み手はこの話が何を伝えたいのか最初に知ることができ、その後も安心して読み進めていける。例文(1)では、実家に帰り故郷の自然を楽しむ話だと思っていたが、たちまち裏切られ、山梨と平塚の時空をさまよってしまう。

このように書き出しにおいて、その文章の目的や内容を読み手にいち早く知らせることを「重点先行型」あるいは「重点先行文」という。これもまた、高い伝達性を保持する基本の一つである。

例文(2)はこの方法にもかなっている。

一文多義、重点不明の例文(1)には、同時に段落がない。文章は段落を積み重ねて進行していくものだ。話の区切りごとに改行（段落を設けること）することで、読みやすさや伝達性を保持していくのである。例文(1)はこの点でも全体を読みにくいものにしている。その上、常体と敬体が不自然に使われていて、印象も良くない。

例文(2)には段落がしっかり設定されている。さらに第一段落の導入部に従って第二、第三段落を展開部とし、第四段落で結論を述べる三段階法である。このように構成もしっかりしているので、ストーリーの進行もスムーズで読みやすい。

どうやら例文(1)の書き手は、読み手の存在を忘れているらしい。甲府に着いて、とりあえずは実家に帰ったのか、それとも駅に友達が迎えに来ていて、すぐさまドライブに出かけたのか。ここは読み手に説明する必要がある。そのとき向かった海とはどこの海なのか。おそらく、平塚ではあるまい。平塚は幾日か後のある日のことであるはずだ。

書き手は自分が知っていることを読み手も知っていると、早合点してはいけない。読み手の立場に思いをめぐらし、彼が知っていると思われる常識的なことと、そうではない個別的なことを冷静に判断して、書き過ぎず、省略し過ぎず、適切な情報を提供しなくてはならない。これを「過不足のない文章」と呼んでいる。一文一義、重点先行文とともに、達意性を保持する重要な基本である。

例文(1)の書き手は、伝えたいというより表現したいという気持ちが強いようである。書いているうちに調子づき（俗っぽく言えばノリすぎて）、我を忘れて書いている。特に「黒から緑へと変わった」とか「緑の中を走りピンクの中を走り」といった言葉は、なんとか文章を美しく飾りたいという表現欲が空転し、ボキャブラリー不足で逆に稚拙さを強める結果となっている。

例文(2)の書き手は(1)とは全く反対で、読み手を意識し、自分は何を伝えたいのかを冷静に見極め、もっている材料の中から課題にふさわしい話題を選び、〝過不足なく〟書いている。

(1)の書き手は読み手を忘れた、いわば〝身勝手な書き手〟と言うべきであり、(2)の書き手は〝身勝手ではない書き手〟と言うことができるだろう。

4　読み手をイメージして書く

今、二つの文章を比較して〝身勝手な書き手〟と〝身勝手ではない書き手〟などと言ったが、これは、書き手が〝読み手〟の存在に思いをめぐらせて書いているかどうかという、意識の問題である。

文章を書くとき、最初に考えるのは「何を書くのか」ということだ。例えばファッションについてのレポート、小説の新人賞の傾向、政財界の動き、あるいは芸能界の裏話など、取り扱う分野は決まっていても、自分の主張は何か、書く前に改めて考えるのが普通である。自分のもっている材料の中から、書くべき範囲を絞ることになるから（課題の範囲の限定）、「何を書くのか」については誰もが真剣に考える。

次に考えるのは「どう書くのか」ということで、ここでは自分の思いが十全に表現できるよう、文体や言葉に工夫を凝らすことになる。肩ひじ張った表現がいいか、語りかけるようなタッチがいいか。文章の上手下手が見られているようで、どうしても神経をそそぎたくなる。

この、何を書くか・どう書くかは、どちらかというと書き手側の都合というか、自分発の問題だから、どうしても深く厚く考える。次に大切なのは〝読み手〟のことなのだが、実はこれを、つい忘れてペンを走らせてしまうのだ。自分が関心をもち、自分が知っていることは、読み手も当然関心をもち、よく知っていることだと錯覚する。というより、書くことに集中しすぎて、読み手の存在を忘れてしまうのである。

読み手はどう考え、どう反応するだろうか。それをイメージして書いている初心者は、一体どれほどいることだろうか。誰が読むのか、「誰に書くのか」をよく考えて書くことによって、本当に伝わる文章、つまり〝文章の達意性〟が保持できるというものである。

今まで言ってきた、何を書くのか（内容）・どう書くのか（表現）・誰に書くのか（対象）。この三つは「文章の三原則」といって、文章を書くときに欠かすことのできない要件だ。それぞれがそれぞれに大切であるが、文章の達意性を重視するとき、〝誰に書くのか〟は特に忘れてはならない。

いま特にと言ったが、内容・表現より大切という意味ではない。対象をイメージすることは、先の二つに比べて、ともすれば忘れがちになるという意味で、特に気をつけようと言ったのである。

いずれにせよ、〝伝わる文章〟を書くためには、相手を見定めて書かなくてはならない。このことは大切な要件である。

第2節　文章の種類

1　散文の種類

文章には韻文と散文がある。韻文とは『明鏡国語辞典』によると、「①漢文で韻をふんだ文章。詩・賦《ふ》など。②韻律をもった文章。詩歌など」とある。散文については、「韻律や定型にこだわらず自由な形式で書かれた文章。通常の文章」としている。

本書は文章の基本について考え実習することを目的としているが、その及ぶ範囲は散文である。散文こそ、達意性が求められる文章であるからだ。従ってここでは、散文の種類について考える。散文には、私的散文、知的散文、実用文、文芸文などがあるが、実用文は対象がビジネス文のみではないので実用散文とし、文芸文は韻文を加えないという意味から文芸散文と呼ぶことにする。

これらの文章は多少の例外はあるが、いずれも前項で述べた一文一義、重点先行、構成、段落など、達意性を保持する最低限の基本の上に成り立つものである。

2　私的散文

私的散文とは日記と手紙である。昨今のブログの登場によってきわめて個人的な文章世界が広がりつつあるが、ここでは、それを私的散文とはしない。ブログはネット上の個人の日記ではあるが、不特定多数の読者を想定しており、より多くの人々の目にふれたいと希望しているかぎり、全くのプライベートな文章ではないと考えるからである。

一方、Ｅメールも手紙に代わる伝達手段として盛んに用いられている。それなりに便利なツールではあるが、基本的には断片的な記述の集合体という色彩が強く、ここでは取り上げない。

日記の対象は自分自身だ。作家や政治家、学者、経済人の中には、後世に残ることを考えたり公開することを予定して書く人もいるが、本来は自分のために書くものであり他人を意識するものではない。それだけに〝読み手〞に対する意識の有無は論外ではあるが、正確な記述力、描写力、また出来事の重点を抄訳する能力を養うための訓練だと考えれば、人知れず達意の文を練習するには、格好の場だということができる。

手紙は、ほとんどが書き手の知っている他人に対する伝達である。それだけに〝読み手〞のことをよく考え、必要な説明と省略のバランスに気を配りながら書くことになる。また一定の形式や文章に筋道をつけることや、相手によっては礼儀に反することのないような心くばりも必要である。

以上のことから、手紙は〝対象を考えて〞書くという達意性への配慮を習慣づけ、必要なことを書き無駄なことを書かない、つまり全体を過不足なくまとめる訓練の場として有効である。

3　知的散文

知的散文とは、論文、小論文、レポート、報道記事、時事解説、論説、評論、試論[2]、コラムなどのことである。またこの言葉の提唱者・清水幾太郎によれば、講演・演説の草稿もこの中に入るという。いずれにせよ厳密な分別・定義は難しいのだが、ここでは一応「自分の考え、研究、意志、主張、発見、社会的事象・事態などを読む人に正確に伝え、明快な論理で意図するところを理解してもらう文章」と規定しておきたい。短く言えば「論理的文章」とでも呼ぶべき種類のものである。

知的散文は例外もあるが、そのほとんどが、〝何を書くか〟がすでに書き手の内にある文章である。論文については実施した研究の成果を書く。新聞・雑誌記事においては事象事態を取材した結果であり、レポートは調査取材の報告である。従って大切なのは〝正確な伝達〟、つまり達意性の最も要求される文章ということになる。

知的散文は学者・研究者、学生、記者、評論家、企業人、レポーター、ルポライター、フリーライター、コラムニストなど多くの書き手がかかわるもので、本書が対象とする「文章を生業として生きていこうとする人々」に関係の深い文章だと言えるだろう。

知的散文の読み手は、書き手の〝よく知っている他人〟と〝見知らぬ他人〟の二つに分かれる。

前者の読み手をもつものは学生の書く論文・レポート、企業における研究・調査報告・提案・計画などである。これらの読者は課題を出した教員や上司であるため、提出される文書の内容に対して一定の知識をもち、かつ、書き手を指導・指揮する立場でもあるので、積極的な理解を示そうとする熱心な温かい目をもつ読者である。

書き手を全く知らない読み手をもつものには、新聞・雑誌、書籍などを通して一般社会に発表される報道記事・論文・評論・レポート、その他がある。これらの読者は、テーマに対する常識的知識をもつ者もいれば、書き手と同様、時にはそれ以上の専門的知識の持ち主もいて、厳しい目をもつ読者である。ここでは書き手の熱意と、特に達意性に優れた文章が要求される。

4 文芸散文

文芸散文とは、小説、随筆、コラム、ルポルタージュ、ノンフィクション、戯曲・シナリオなどである。これらの文章は、ほとんどが書き手の知らない他人を読み手とする。同人雑誌では同人仲間が、戯曲・シナリオでは特定の演出家や俳優など、書き手の知っている他人が読み手となる場合があるが、これらは例外的なことだ。

本書における文芸散文とは、随筆を指す。ひと口に随筆といっても、原稿用紙十枚前後のごく普通のものから二〜三枚程度のコラムまで、また小説家や評論家などが書くものから、最近とみに盛んになりつつあるアマチュアの自分史や同窓会誌など、その範囲は広い。そもそも随筆とは、「自分の見聞・体験・感想などを、思うままに自由な形式で書き綴った文章」（明鏡国語辞典）であるから、いわば、文章を書くという人間の営みの、自然な基盤のようなものだ。誰もが書く、また書ける〝普通の文章〟というものである。

随筆の本来は自由である。従って〝読み手〟の存在を想定しているとはいえ、基本的には書き手の表現的欲求が優先される。理屈に合わない話も飛躍も省略も可能であり、記述の内容を客観的に証明する必要もない。〝ちょうちょう〟を〝てふてふ〟と旧仮名で書いても通用するのだ。読み手は、書き手のそうした味わいと趣のある文章世界に魅せられて、ひと時の楽しみを得るのである。

文芸散文の中にルポルタージュを加えておきたい。ルポルタージュはフランス語でレポートのことであるが、我が国では特別のニュアンスをもって使われている。報告文学とも呼ばれ、現場で事象事態と身近に接し、書き手自身の主観・解釈を加えながら報告する形の文章のことをいう。日本語で使われているレポートの、事実を事実として客観的に報告する文書というニュアンスからは、離れた立場である。

現実を劇的な興味をもって描きだすルポルタージュには、報道的色彩に加えて、「見知らぬ他人」をしっかりとつかむ文芸散文的な〝文章の芸〟が必要である。長編のノンフィクションもこの範囲に入れておきたい。

5　実用散文

実用散文とは普通、ビジネス文を指すが、本書においては広告文、ウェブ・ライティングもこの範囲に加えたい。

ビジネス文とは、稟議書・提案書・企画書などの社内文書と、取引・交渉にかかわる契約書、社交・儀礼上の手紙などである。いずれも規格化された用紙に記入する出張申請、欠勤届ほどではないが、一定の形式に従って書かれるものである。

ウェブ・ライティングは、ウェブ・マガジン、企業ホームページ、ビジネスメールなどネット上の文章制作である。ここではライターが単にライティングのみならず、ユーザー分析から誌面編集までを担当するのが普通である。ウェブは紙とは違い誌面は無限にある。従って伝達に必要な内容は制限なく書けるが、読みにくい画面と膨大な文字量で読み手の意欲を減退させることもある。過不足のない的確な文章と、読みやすいフォントやレイアウトが求められる。

広告文は新聞・雑誌・ポスターその他の印刷メディアと、ラジオ・テレビなどの電波メディアに分かれる。詩歌・小説・演劇・マスコミ記事・評論などのあらゆるスタイルの文章を用い、写真・イラスト・映像・音響などのサポートを受けて成立する。つまり、書き手一人で完結する仕事ではないというところに特色がある。また、知的散文では適切ではないとされるお喋り言葉から、俗語・流行語まで、自由に使うことができる。あらゆる文化・芸術世界を呑み込む文章世界である。

どのようなスタイルを取るにしても、広告文であるかぎり〝誰に書くのか〟という対象に対する意識が、普通の文章より強いということだ。〝何を書くのか〟についてはビジネス上の必要・要求があるわけで、それを〝如何に伝えるか〟に頭を絞ることになるが、この時、特に読み手を十分に分析して書くことが重要になる。つまり、文章の達意性に神経をそそぐべき文章だということである。

ここで、ひとつ付け加えることがある。学生・転職希望者のエントリーシート、あるいは自己PR（キャリアシート）を、この実用文の範囲に加えたいということである。自らの経歴、特技を魅力的に書き上げて、就職希望先にプレゼンテーションする文章は、技術的には知的散文に属する論理的文章であるが、環境的にはビジネス文の範疇であると考える。この文章は特に、読み手が明確に分かっている文章であり、同時に自分をこちらの希望通り理解してもらうという点において、その達意性に神経をそそぎたい文章である。

第3節　原稿用紙の使い方を知る

1　なぜ原稿用紙なのか

パソコン、モバイルの時代に、なぜ今さら原稿用紙なのか。それは、言葉を綴って文章を書くという行為が、原稿用紙のマス目を一つひとつ埋めていく行為に通底しているからである。マス目をもたないA4の罫線用紙でも、また無地のものでも、文章を書き連ねていくかぎり、基本は原稿用紙の使い方に従って進めていく。これが常識である。だから原稿用紙の使い方を知っておく必要があるのだ。

もともと原稿用紙は、原稿が印刷されるという前提で使用されるもので、新聞・雑誌などの活字を拾うのに便利なように考案されたものだ。しかし現代では、多くがパソコンのデータからデジタル処理され、旧来の原稿用紙から活字を拾って製版するという工程は行われていない。従って原稿用紙は今や、文章を整然と行儀良く書き、見た目の達意性を保持する基本を身につけるために有用なツールとして、貴重なのである。

昨今、普通の原稿や書物に、書き出しや改行で一マス空けない例を見ることがある。広告の本文（ボディコピー）には従来からこの傾向があり、それにはそれなりの理由があるのだが、一般の文章でもそれが行われている。決して望ましいことではない。

また、少ない場合は二～三行、多くて五～六行ごとに空白行を設ける書き方も行われている。これはおそらくウェブ・ライティングのスタイルに倣ったものだろう。ウェブにはウェブの必然があるが、一般の紙媒体においては、まるで箇条書きを読むようで感心しない。空白行の役割はすでに段落によって果たされている。習慣にするべきではない悪癖である。

2　原稿用紙の使い方

以下は、ごく基本的な原稿用紙の使い方である。ワープロからウェブ、普通のレポートペーパーまで、原稿用紙に文字を書く要領で記述するのが基本ルールである。

(1)　原稿用紙を使って文章を書くときは、文字や符号を一つずつマス目に入れるようにする。句読点が行頭にくるときは、手前の行の一番後ろのマス内に入れるか、または欄外にはみ出して打つ。

行頭に促音（もっと、さっき、などの〃っ〃）や拗音（きゅ、きょ、などの〃ゅ、ょ〃）がきた場合は、行末で処理せず、次の行頭の第一マスを使う。

(2) 発注を受けた原稿で、一行の字数が決まっている場合は、その字数に合わせて書く。それが不明で、原稿用紙の字数とは異なる場合は、あえて行頭に句読点を打つこともある。

(3) 疑問符（？）、感嘆符（！）は、行頭にもってきてもよい。カッコ類の行末処理は、句読点のそれと同様である。疑問符・感嘆符のあとは、一マス空ける。ただし、？、！のあとにすぐカッコがくる場合は？と」の間を空けなくてよい。行末に開きのカギカッコ（「）がくる場合は、行末の文字と同じマス内に書きこむ。

(4) 段落は行を変え、一マス空けて書き始める。アラビア数字は一マス二字（12）、一桁、または奇数桁の末尾の数字は、一マス一字とする。アルファベットは、大文字は一マス一字、小文字は一マス二字である。

(5) 原稿用紙を複数枚使用するときは、ページ番号（ノンブル）を入れる。横書きの場合は右上、縦書きの場合は左上に入れる。

原稿用紙を綴じるときの綴じ位置は、横書きは左上、縦書きの場合は右上としホチキスを用いる。ゼムクリップは使わない。ゼムクリップはあくまで仮留め用である。飛んだり、他の原稿を喰ったりして本来の役目を果たさない。

(6) 会話はカギカッコ「　」で表示し、改行して最初の一マスに入れる。書名は二重カギカッコ

『』である。「　」内で別の会話が引用される場合は、「『』」となる。カッコ内が（。」）で終わる場合は、句点を省略する。それが文章の区切りとなる場合は、（」。）とする。

会話のカギカッコを二マス目から始めるとする意見もあるが、カッコの位置がマスの右に寄っているので（横書きの場合）、印刷物の多くは、最初の一マス目からカギカッコを始めている。縦書きの場合もマスの下部にカギカッコが入る。従って原稿執筆のときは最初の一マスで二マス目に近い位置にカッコを入れるとよい。会話が終わった後の地の文は、改行して、一マス空けて始めるのが普通である。

(7) 繰り返し符号（々）が行頭にくるときは、それを使わず二字目も同じ漢字を使用する。「青々」は「青青」。ただし、(2)のケースで字数不明の場合は、繰り返し符号を次の行頭に打つことになる。ダッシュ（——）や三点リーダー（……）は二行にわたらないようにする。

(8) 見出しは、最初の一マスから始め、それとわかるように、例えば字を濃く書くなどする。前の行との間を一行空けて書くと、わかりやすい。左記にその例を示す。

1　見出しの書き方

見出しは、それぞれ一行を当てることを原則とする。パソコンの場合はゴシックなどが使えて、便利である。

というように、地の文の一行目は一マス空けて始める。番号はⅠⅡ…、１２…、(1)(2)…、①②…、

ⅰⅱ…、など大項目から小項目へとランクをつけて表示する。

(9) 箇条書きの番号を打つ位置と文との関係は、見出しと同じである。箇条書きの文面が短い場合には、末尾に句読点を打たないのが一般的である。ただし、文面が長くセンテンスの形になっているような場合には、句点を打つこともある。

欧文が行末にきて字がはみ出すときは、一字分ぐらいなら、欄外に出てもよい。綴りが長く、単語を途中で区切らざるをえない場合は、正規のハイフネーション[3]に従うこと。

(10) 二十枚以上の原稿用紙を使用する場合は、別に表紙を用意することがある（状況による）。

第4節　文章力の基礎をつくる

1　主観と客観・観察と写生

事物を見つめるとき、主観的に見るか、客観的に見るかの二通りがあるが、これを文章にすると、主観的に書く、客観的に書くということになる。

小説や随筆は主観的に書かれている。新聞・雑誌記事や調査報告レポートは、事実を事実として主観を混じえず客観的に書かなくてはならない。新聞でも、論説や解説は主観的であり、論文は研究成果に基づく研究者の判断が示されるのであるから、客観的事実に依拠しながら主観によって書かれることになる。

主観的に書く・客観的に書く。この対立する観点は、書き手の〝立ち位置〟を明確にするという意味で、執筆に際してしっかり自覚しておくべき重要な要件である。

主観・客観という観点とは別に、思考や伝達を文章にする姿勢として、観察と写生というのがある。観察は対象を見つめることであり、写生は対象をあるがままに写し取る行為だ。写生の前に観察が必要だということもあって、この二つは対立する概念ではない。現に、主観・客観の他に観点はないが、写生や観察は同列に、記録、報告、発表など色々な形がある。これらの形は部分的に重なることもあるので、ここでは観察と写生に集約して、これを文章の訓練に加えることにする。

先に言った主観的に書く、客観的に書くという基本を縦軸に、観察・写生を横軸にまずマトリックスを構成し（29頁）、「主観的な観察文」を書く、「主観的な写生文」を書く、「客観的な観察文」を書く、「客観的な写生文」を書く、という構図で、以下、文章表現の基本的な形を見てみたい。

2　主観的な観察文〝自画像〟を書く

まずは、主観的に書く訓練だが、ここでは自分について書くことを考えたい。文章は、できるだけ多くの情報（材料）をもっている方が書きやすいが、それには、自分を書くのが一番である。

自分を書くといっても、実は三つのアプローチがある。第一は自己紹介。これは、初めての相手に自分という人間のおおよそを知ってもらうための説明で、普通は氏名・年齢・学歴・趣味・性格といったものを要領よくまとめて書くことである。

第二は自己ＰＲ。これは自分の特技・性格を中心に、如何に自分が魅力的で有用な人間であるかを語る、いわば自己プレゼンテーションである。入試や選挙などでよく使われる。

この二つも悪くはないが、しかし、通り一遍の文章にしかならないだろう。それに、第一の自己紹介は主観的というよりむしろ第三者的に客観的事実をクールに紹介した方が、好感を得られる率が高い。第二の方はＰＲだから、主観一辺倒というのはむしろ嫌味で、客観的評価などを加えることで売り込みの成功がはかれるというものである。純粋に主観に徹してというわけにはいかない。

そこで第三の方法だが、これは〝自画像を書く〟である。自画像とは、自分と向き合って良くも悪くも自分とは何者かを探る、つまり、自分との対話を書くというものだ。経歴や特技、趣味を材料にして自分を見つめ掘り下げ、自分の人となりを浮かび上がらせるのである。自画像は百パーセント主観。そして、自分を鋭く観察する目が必要である。ということで、まず「主観的な観察文・自画像を書く」という演習を始めることにする。30頁でその実例を紹介し解説する。

3　主観的な写生文〝風景〟を書く

写生とは、対象をあるがままに写し取ることである。この限りにおいては客観的事実の忠実な引き写しになるが、実際はそうではない。富士山を十人が同じ場所から絵画的に写生したとしても、全員揃って全く同一のものが出来上がるわけではない。一人ひとりそれぞれの観察と技量によって、異なった表現のものになる。対象に対する見方の違い、つまり主観によって対象はそれぞれ異なった相貌を表すのである。機械を操作する写真においても、対象は写し手次第で色々な表情を見せる。まして絵画においてをやである。

では文章ではどうだろうか。文章で風景を写生する。簡単にいうと風景描写だが、ここではただ風景をあるがままに書き写すのではなく、ここに、書き手の主観が入る。主観が入るというのは、対象となる風景と書き手が対話をするということである。

「満開の桜に陽の光が当たって、花が白く輝くように美しい」と書くのは単なる描写であるが、「満開の桜は小学校の入学式を思い出させる。あの時の、まだ若かった母親の留め袖からの得も言われぬ匂いは、子供心にも何故か刺激的で、艶やかに感じられた」と書けば、目の前の風景と自分との対話が成立する。

風景を主観的に書くとは、その風景が書き手に語りかけてくるもの、自分だけが感じて、他の人は感じない、そういうイメージの広がりを書くことである。32頁にその実例と解説を記す。

4　客観的な観察文〝電車の中〟を書く

客観的に書くとなると、思いつくのは世の事象・事態の報告、ニュースである。事実を事実としてありのまま、主観を混じえず脚色もなく報告することだ。種々雑多な事件が身の周りに頻発する現代で、話のネタには困らないが、ここでは身近な話題として〝電車の中の出来事〟を観察し、報告することにしたい。

電車の中はドラマに満ちている。いつどんな事件が起こるか、予測がつかない。通路に座り込んでパンなどを食べる高校生。メイキャップを始める若い女性。大股開きで席を二人分占領する男。一触即発、次の瞬間に何が起こるか、常に危機をはらんでいる。自分が遭遇した電車内での出来事を、感情・評価を混じえず、事実を事実として冷静に報告する。

ここでは、誰もが知っている5W1Hが有効である。When（いつ）・Where（どこで）・Who（誰が）・What（何を）・Why（なぜ）・How（どのように）という六つのメッセージ・ポイントを当てはめて、無駄のないニュースをつくりたい。34頁に実例を示し解説を行う。

5　客観的な写生文〝地図〟を書く

主観的な写生文では、きわめて個人的なイメージの広がりを書いた。十人十色を写生に当てはめたわけだが、ここでは逆に、十人一色。対象に対して誰が書いても同じものでなくてはならない演習をする。それは地図を文章で書くという試みである。

人が地図を書く場合は、集合場所や目的地を仲間に教えるためで、道順を図に書いて説明するのが普通のことだ。それを文章で書いてみようというのである。ここで大切なのは、〝あるものをあるがままに書く〟ことで、一切の主観を混じえず、過不足なく、存在するものを客観的な目で間違いなく伝えることである。

この課題は読み手の立場に立って書くことの大切さや、文章の細部への配慮などを気づかせてく

●基礎演習のマトリックス

	主観的に書く	客観的に書く
観察文	自画像を書く	電車の中の出来事を書く
写生文	風景を書く	地図を書く
文章の種類	小説　随筆 論文　論説 批評　解説	報道記事（新聞・雑誌） 調査報告レポート
	広告文	

れる。〝文章で伝えること〟とはどういうことかを再認識する、挑戦しがいのある実習である。

友人を招くと仮定して、最寄り駅から自宅までの道順を、文章で説明してみよう。36頁に例文と説明を記す。

基礎演習を図式化すると上のようになる。文章の種類から見ると広告文だけはその立ち位置も自由自在で、どちらかに分けるというわけにはいかない。広告文は使う言葉も自由である。詳しくは「第9章　広告文の方法」で説明する。

第5節　基礎づくりの例文を読む

1　主観的な観察文＝自画像の例文

◆月光

私は怖がりである。夜は雨戸をきちんと閉め、電気もつけたまま寝る。

ある日、友達が「昨夜は月が明るくて眠れなかった」と言った。これを聞いたときの私のショックは相当なものだった。「なんてロマンチックなんだろう！」。そう思いながらも、私は怖がりの自分がくやしかった。

雨戸を開けたまま寝るなんて、誰かに見られるような気がする。しかも、月の光を体で感じるためには、電気も消さなくてはならない。電気を消して寝る。それは私にとっては死ぬほど怖いことなのだ。だが彼女いわく、「月の光を浴びながら寝ると、キレイになれるような気がする」。私だって女である。キレイになれるという言葉には弱い。しかし私の恐怖心は、今はまだ、キレイになりたいという気持ちより強いのだ。

私の女心が、恐怖に打ち勝つ日は来るのだろうか。

これは六〜七年前に卒業していった、大学で私の講座を受講していた女子学生の「自画像」である。普通、自画像を書くとなると、趣味、部活、夢、方言、容姿、といったことを題材にする。そういう中で、このテーマは異色である。それだけにインパクトが強い。

「月の光を浴びながら寝ると、キレイになれるような気がする」と言う友達の言葉に女心を痛烈に刺激されながらも、彼女にはそれが実行できない。そういう、怖がりで神経質な自分をしっかり見つめている。

読み手には、女の子らしい〝小心さ〟が可愛く思われ、彼女の人間的な輪郭が鮮やかに伝わって来る。最後の、打ち勝つ日が来るのかどうかというのは意味深長で、電気をつけずに寝られる相手を求める暗示とも受け取れて、微笑ましい気分になるのである。

導入部の一行で、まず最初にこの文章の内容を明解に示し（重点先行型）、第二・第三段落を本文、つまり展開部として、最後の一行が結末という三段階法で構成。導入と結末もしっかり整合し、組み立ての確かな読みやすい文章に仕上げている。無駄なく、不足な部分もない、過不足のない文章である。

2　主観的な写生文＝風景の例文

◆黒いキリン

私の勤務先は品川の高層ビルの中にある。窓から正面に東京湾が、右に羽田空港、そして左端に一頭のキリンが見える。

キリンというのは、実は建築現場で資材を持ち上げるタワークレーンのことで、背が高く首が長く、見たところあのアフリカのキリンにそっくりなのだ。それで私は、そのクレーンのことを密かにキリンと呼んでいるのである。

キリンはポツンと海辺に立っている。実際は何頭かが寄り集まっているのだが、私にはどうしても一頭だけが目に入る。その一頭だけ、どういうわけか体全体が黒く塗られていて、それが私のキリンという気がしてならないからだ。

黒いキリンは長い首をもたげ、灰色の東京の空を真っすぐ見上げている。その空を羽田を離陸する飛行機がひんぱんに横切って行く。彼らはどこを目指しているのか。白い真っすぐな雲を残して迷いなく目的地へと飛び立って行く。その軌跡を黒いキリンが黙って見つめている。優しいけれど、どこか悲しげな目をして見つめている。

彼は夢を見ているのだと、私は思う。いつの日か本当のキリンになって、海を越え空を飛んで、故郷のアフリカの大地に帰りたい……。バカね。そんなこと考えるはずがないじゃない。

と、私は私に向かって小さな声でつぶやく。

　集団から孤立して、黒いキリンは今日もひたすら、長い首を上げ下げして重い荷物を持ち上げている。


　これは、筆者が担当している出版社主催の文章講座の受講生の作品である。

　雲がライオンに見えたり、木が妖婆に見えたり、山が城壁に見えるときがある。自然を動物や人間に当てはめて想像の翼を広げるとき、人は対象の素の造形から発信されている、もう一つの情報を感じとる。そのとき〝対話〟が始まる。〝対象の内なる心情〟が伝わってくるのだ。それは見る人一人ひとりの、〝特別な私〟にのみ向けられる恩寵である。

　キリンの故郷はアフリカだと書き手は言う。背後を羽田を離発着する飛行機がひんぱんに行き交う。黒いキリンは黙々と自分の仕事に精を出すのだが、心に秘めた思いは故郷アフリカへの帰還だ。

　何世紀か昔、アフリカ人たちは新大陸に送られてきた。あの悲惨。近くは北朝鮮に無法にも拉致された被害者の人々。その悲劇。書き手はそこまでの意識がないのかも知れない。しかし、一読、連れ去られ、帰還できない人々を思い起こさせる力をもつ秀作である。

　黒いキリンの孤独、密かな思い。書き手とキリンの対話は、風景を主観的に観察する演習の域を越えて、インパクトをもつ文章に仕上がった。

3　客観的な観察文＝電車の中の出来事の例文

◆漂うあきビン

九月二四日の昼過ぎ、小田急線新宿行は、座席は埋まっていたが立っているのは数人で、車内はとても静かだった。

熟睡しているスーツ姿の女性の足元に、ジュースのあきビンがあった。成城学園前駅を過ぎたころ、電車が揺れたはずみで彼女はビンを蹴飛ばしてしまい、それは倒れて大きな音をたて、転がり始めた。

最初、向かいに座っている若い女性の足元に転がり着いた。三回ほど行きつ戻りつしてハイヒールにぶつかると、張りついたように動かなくなった。女性はぴくりとも身じろぎしなかったが、緊張しているのは明らかだ。周りの人たちも皆、あからさまには見ないが、視界の端で注目している。

電車が傾いて、ビンはまた転がりだし、今度は三〇代ぐらいのサラリーマンの足元で止まった。彼はビンの存在に全く気づいていない様子で、前方の空間を見ていたが、ビンが足に当たる直前、すっと立ち上がった。そして、歩くついでの偶然を装い、思い切り蹴飛ばした。ビンは勢いよく通路の中心へと転がって行った。

車内の人々は全員ビンの行方に注目している。次は誰の足元へ行き着くのかに興味津々ながらも、一方で、自分のところへ転がって来たらどうすればいいのか、不安な気持ちでいっぱいだった。そんな中、ビンは皆の気持ちをあおるように、車内のあちこちを行ったり来たりして、通路の中心を不安定に漂っていた。

電車は下北沢駅に着いた。遠くの方に座っていた五〇代に見える女性が立ち上がると、真っすぐビンに近づき、拾い上げ、電車から降りて行った。潔く無駄のない動作だった。車内には白けたような、ほっとしたような空気が広がった。それまでの緊張が嘘のように、車内になごやかな雰囲気が戻ったのだった。

これも講座の受講生の作品である。「電車の中の出来事」という課題に対しては、乗客同士のトラブル、奇矯な振る舞いにおよぶ人物、忘れ物騒ぎ、事故寸前の状況などを書く人が多い。当然のことだが人物を中心とした話になる。しかし、これはちょっと変わっている。ビンが主人公なのだ。

まず、書き出しでの状況説明はわずか五〇字足らず。たったこれだけで車内の様子を的確に説明している。この導入部の無駄のない記述が良い。

つづいてビンの行方と乗客の反応が報告される。自分で始末をしたくないどこでも見かけるエゴイスト。どうしていいのか分からない自らの未熟さに当惑する人など、書き手の私見を述べずに、客観的な記述だけで、乗客の心理を読み手に想像させる技量が素晴らしい。最後はどうなるのか。読み手をハラハラさせながら、五〇代と思われる女性の善行（？）で結末とする、その推理小説的手法もなかなかのものだ。その後の車内の空気を、これまた五〇字足らずで適切に無駄なくまとめている。

書き手はあくまでも冷静な観察者として、車内で起こった小事件を淡々と伝えている。事実に感情や評価を加えず、事実のみをクールに客観的に記述することで、問題の核心が鮮やかに伝わってくるのだ。ビンに振り回される人間たちを喜劇的に描きながらも、その裏でシリアスな今日的問題を提起し、単なる出来事の報告以上の効果を上げているのである。

4　客観的な写生文＝地図を文章で書く

◆大きな銀杏の傍の家

私の家は世田谷区奥沢にあります。渋谷から東急東横線を利用、快速特急・特急で二つ目の自由が丘駅で降りて下さい。

西口を出てすぐ左に折れ、細い路地を進んで東急ストアの角を右折。五〇米ほどで緑の美しい石畳の通りに出ます。ここを左に曲がって一〇〇米ほど行くと、突き当たりが自由通りです。左折して、ブティックや飲食店の点在する緩やかな上り坂を三〇〇米ほど歩くと、東急目黒線の線路があります。線路を渡って左に折れ、商店街を通り抜け、小さな下り坂を下り切った所の右手に大きな銀杏の木があります。その木の二軒先が私の家です。自由が丘駅から成人男性の足で約十五分。電話は〇三―一二三四―五六七八です。

地図を文章で書くと、自分でも予期しない無駄な記述や重複表現をするものだ。例えば道すがらの喫茶店やコンビニの余分な店内の説明、信号や右左折のたびに〝そこ〟〝その〟といった指示代名詞の連続使用、さらには〝そして〟〝それから〟などの接続詞の多用などである。

その意味で、例文はほぼ完全に近い出来上がりだ。タイトルで目印を明快にし、書き出しで住所を教え、つづく三〇字そこそこで利用交通機関を明示している。改行して、駅から自宅までの道筋を的確に記述。おそらくこの地図でスムーズに書き手の自宅まで行き着けるだろう。

敬体を使っているので、語尾が〝です・ます・さい〟ぐらいに限られ、どうしても、同じ語尾が続くことになる。その点もただ一カ所〝ます〟が続くだけ。〝ここ・そこ・それ〟などの指示代名詞が多用されるのが普通だが、これも一カ所のみ。無駄のない記述である。

少し気になるところは、五行目の「三〇〇米ほど歩くと」を「行く」に、続く「線路があります」を「に出ます」とすると、〝結果〟感というか臨場感があって良いのではないかと思われる点。つぎに六行目の〝小さな下り坂を下り切った〟というところ。ここは〝下り〟を削除して〝坂〟だけで良い。修正箇所はその程度という素晴らしさである。全体的に過不足のない優れた〝地図〟であった。

■達意の文の演習

I　原稿用紙を使ってみる

以下の文章を原稿用紙に書き写してみよう。横書き二〇字詰の原稿用紙を使い、改行、行末処理などに配慮しながら書いてみる。

その際、上一行は空けて二行目中央あたりにタイトル（原稿用紙の使い方）を入れ、一行空けて右端近くに氏名を書く。タイトルと氏名が接近する場合は、タイトルを多少左に寄せ、氏名とのバランスを考える。

原稿用紙を使って文章を書くときは、文字や符号を一つずつマス目に入れるようにする。句読点が行頭にくるときは、手前の行のいちばん後ろのマス内に入れるか、または欄外にはみ出して書く。

疑問符（?）、感嘆符（!）は行頭にもってきてもよい。カッコ類の行末処理は句読点のそれと同様である。

段落は行を変え、始めは1マス空けて書き始める。アラビア数字は1マスに2字（12）、しかし、1桁、あるいは奇数桁の場合の末尾の数字は、1マス1字（123）とする。アルファベットは、大文字は1マス1字（AB）、小文字は1マス2字（abcd）である。

原稿用紙を複数枚使用するときは、ページ番号（ノンブル）を入れる。

2　身近な人を観察して「人物像」を書いてみる

基礎訓練に自画像があるなら、他人像というのがあってもよい。客観的事実の観察を通して対象を主観的に描く演習である。

夫・妻・両親・兄弟から友人・上司・同僚などの身近な人。あるいは俳優・歌手など遠くの人物たち。彼らから発信されてくる情報を自分なりに加工して、その〝人となり〟を書いてみよう。

注意点は二つ。第一は文中でなるべく第一人称（私・僕・自分など）を使わないこと。私を使うと、私と彼との交流の描写、あるいは、対象を素材として自分を語ってしまう危険性がある。いつの間にか自分が主人公になってしまうのだ。主人公は他者である。自分ではない（日本文には文中に第一人称が隠れている。自分を明確にしなくても、自分の存在は明らかである）。

もう一つは、自分が知っていることは読み手も知っていると錯覚しないことである。いきなり彼・彼女で始めそのまま書き切ってしまう例が多い。ストーリーの進行上必要なその人物について基礎的な情報。例えば、氏名（原稿上は仮名でもよい）、年齢、職業、役職名などは隠さず明記するべきである。そうでないと主人公の明確な輪郭がイメージできず、読み手は明快なイメージが描けない。

この演習は、自分を書き過ぎない、必要な情報を省略しない、つまり、観察だけではなく、過不足のない記述を心掛ける練習にもなるのである。もちろん、一文一義・重点先行・段落を忘れず、常体で書いてほしい。

■第1章注

（1）知的散文：論文、小論文、レポート、新聞・雑誌記事などによって代表されるもので、「自分の考え、意思、主張、発見、そして社会的事実などを読む人に正確に伝え、明快な論理で意図するところを理解してもらう」文章である。この言葉は清水幾太郎著『論文の書き方』（岩波新書、一九五九年）で用いられた。清水はそのあとがきの中で、「本書で『論文』というのは、差当たり『知的散文』というほどの広い意味である。内容及び形式が知的であるような文章のことである」と述べている。

（2）試論：短い評論や批評のことで、英語のessay（エッセイ）の訳語のひとつ。essay〔フランス語ではessai（エセー）〕には一般的には「エッセイ、随筆、試論」という訳語があてられているが、本書では、特に論理性に重きをおいた小評論などを「試論」と呼び、いわゆるエッセイを「随筆」として扱うことにした。

（3）ハイフネーション：英語やフランス語などアルファベット表記をする言語における文字数の多い語の場合、綴りの途中で区切ることが許される場所が決まっている。その規則に従って、単語を綴りの途中で区切ることを「ハイフネーション」と言い、日本語では「分綴法」ともいう。この規則の適用が実際に必要になるのは、綴りの長い単語が行末にかかって途中で区切らざるを得ないような場合であるが、英語に関しては規則が複雑なため、区切ることができる箇所を必ず辞書で確認する必要がある。

第2章

言葉の常識

文章を書く上で一番大切なのは言葉である。言葉を知らないと文章は書けない。日本の言葉を知らないと、日本語の文章は書けない。

ところが我々はこの世に生をうけて、気がつけば自分が日本人であることを知り、当然のように日本語を使って生きてきた。日本語の全てを知っているように振舞ってきた。しかし、いざペンをとると、言葉を知らない自分に愕然とするのだ。日本人なのに日本語を知らない。話しているときは痛痒を感じないのに、文章を書く段になって立ち往生する。改めて、言葉の大切さを知らされる。自分の思考と表現力との乖離を痛感する、辛く切ないときである。

言葉を数多く知りたい。日本語の性格も知っておきたい。その前に、そもそも言葉が通じるとはどういうことなのか。それについても考えたい。そういったことも含めて、自らの表現力を高めるために言葉とは何かを考える必要がある。

この章では、言葉の性格やコミュニケーションの本質、言葉をより多く所有するハウツーなど、言葉についてのごく基本的な知識と方法について考えていく。

第1節　言葉の働き

1　素の言葉「素言語」

言葉は、赤と言えばそれは色を表す言葉で、かつ、赤い色を意味するものである。黒は同様に黒い色を表し、白は白い色を表す。このように言葉は「ある意味を表すために、口で言ったり字に書いたりするもの」(『広辞苑』第五版)であるが、それはあくまで記号としての意味であって、人間の意思や感情が入らない素《す》のままの言葉「素《す》言語」である。

素言語は人間が綴る文章、つまり文脈の中で他の素言語と組み合わされて伝達力や表現力を発揮する。アランも彼の『芸術論集』(桑原武夫訳、岩波書店、一九四一年)の中で「作家も一つの語を他の語に結びつけて書いてゆく」「一行の散文は、あらゆる意味を伴った諸ろの語(中略)の、それらの語のつながりによって(後略)」つくられていくと述べている。素言語は、その生地のままでは、記号の範囲を超えて機能することはないのである。

とは言っても、人間はこの素言語を他者とのコミュニケーションをはかる道具とし、文章にし、同時に記録として保存して未来に伝えようとするのだ。素言語がなければ、人はモノを考えることができないし、仮に考えることができても、明確な輪郭をもった概念として意識化することはできないだろう。

いずれにせよ、〝素の言葉〟は文章を書き綴っていく上で絶対欠かせないものであり、かつ、できるだけ多く身内に貯えておきたいものである。

2　言葉が分かっても通じないこと

人間は言葉や文字を使ってコミュニケーションをはかる、と言ったが、では言葉が通じれば、すべてが通じ合うのだろうか。必ずしもそうとは言えない。すでに第1章の「帰郷」で経験したように、書き手だけが分かっていて、読み手にはよく分からない言葉や文章は多々あることである。一例を挙げよう。二〇〇七年の暮れ、ある小料理屋の壁に次のような張り紙がしてあった。

年末年始のお知らせ
十二月二十九日（土）より一月六日（日）まで、
お休みさせていただきます。
なお、十二月二十九日（土）夜は営業しております。

これは「帰郷」以上に不可解な文章だ。日本語が分かるだけに、なお一層分からない。二十九日は休業だが、夜は営業する。「小料理屋なんだから店を開けるのは夜でしょう。それを、休むと言って、夜は営業するって、いったいどういうこと?!」と言いたくなる。

ここは親子二代で店をやっていて、月曜から金曜の夜は二代目が調理場に立ち、土曜日は八十歳を越えた初代が包丁をもつ。昼も店を開け、刺し身や焼き魚定食などを食べさせる。二つのテーブル席と八人程度が座れるカウンターの店内を切り盛りするのは初代のつれあい。彼女は七十歳を越えているが元気いっぱい。月曜から土曜まで昼・夜、店に出ている。忙しいときには二代目の嫁が手伝いに来るという寸法だ。

この張り紙はその嫁が書いたという。つまり「二十九日から年末休業に入ります。だからお昼はお休みしますが、夜は、爺さんと婆さんが店を開けますよ」という意味なのだ。嫁は、自分は二十九日の昼は店に出なくてもいいという意識があるから、読む人のことを忘れて、自分の立場で書いている。初めての客には全く通じない。もっとも、この店の事情に詳しい常連客には、この難解（?）な文章も十分に理解できる。そして客はほとんどが常連だから、まあ、これでも、とりあえずの用は足りているというものだ。

このことから、〝素の言葉〟のつながりもまた、事情や背景を知らない第三者には、本当の理解に至らないということになる。

3　言葉が通じるとはどういうことか

素言語が〝通じる言語〟として機能する、コミュニケーションについて考えてみたい。communicationとは日本語では伝達とか通信といったように訳されている。この言葉の語源を野末敏明著『コトバのイメージ学』（電通、一九六八年）では、ラテン語の動詞commūnicāreに由来し、〝共通の、公共の〃といった意味の形容詞commūnisと動詞（ic＋āre）の合成語で、「モノを共有する」というイメージが浮かび上がってくると説明している。

このことから、コミュニケーションとは伝える側からの一方的な伝達・通信ではなく、相互的なものであり、通じ合いであり、お互いの意思の疎通によって「理解を分け合う、共有する」といった意味があると考えるべきだろう。八巻俊雄の『実践広告戦略』（産能大学出版部、一九六六年）でも、「コミュニケーションのことを英語ではto share with othersとか participationと解されている。共有とか相互理解と訳すべきだろう」と述べている。

コミュニケーションとは、素言語が分かるというだけで成立するものではなく、情報の発信者と受信者が理解を共有できるような同じ環境にいなくてはならない。つまり同じ共同体（community）に属し、共通の知識と認識＝常識（common knowledge）のもとでつながっている関係でなくては、成立しないということである。先の張り紙の内容が、店の事情や背景を知っている常連客には十分通じるということは、客と店が〃理解を共有する〃同じ共同体の中にあるということである。初めての客が理解できないのは、当然のことである。

そもそも言語というのは、昔も今もローカルなもので、素言語の記号的意味を知らない者同士では通じようがない。例えば、赤という言葉の意味することを知らない米国人には、それがredを意味する言葉ということが分からない。外国人ばかりではない。日本人であっても、方言によっては、その土地に長く住んでいる人にしか通じないものもある。「言葉は常識を媒介として通じ合うものだ」とはいみじくも言ったもので、まして深い相互理解を必要とするコミュニケーションにおいては、同じ共同体に属していなければ、成立のしようがないと言えるだろう。

ただ共同体とは限定的なものではなく、数限りなくあるものだ。人間は家族という最小の共同体から地域社会、勤め先、その勤め先の部あるいは課、クラブ、麻雀仲間、ゴルフ仲間、飲み仲間、同窓生、県人会など数限りない共同体に属していて、それぞれのコミュニティでの常識によってコミュニケーションを成立させている。今、あえて片仮名を連続させてみたが、communityもcommon knowledgeもcommunicationも、綴りを見るだけで分かるように同じ語源をもつ同じコミュニティ＝共同体に属する言葉であり、通じ合う、理解し合うということの本質を知らせてくれるものだと言えるだろう。

結局、言葉が通じるということは、素言語が同じ共同体に属するもの同士の意思や感情の伝達のツールとして用いられたとき、初めて機能することになるのである。

4　言葉は逆に共同体を広げる

今まで素言語は、共同体においてのみ〝通じる言葉〟として機能すると述べてきた。しかしここで、全く正反対のことを言いたい。言葉は実は、限られた共同体だけではなく、物語や詩歌が多くの読者を獲得することによって、逆に共同体を広げる役割を果たしているとも言えるのだ。

日本語で書かれた文章は日本語の通じる範囲ということでは、その共同体は限られるが、しかし適切な翻訳によって世界に発信され、共同体を広げることは可能である。現に優れた日本の文学が世界で認められ、学術研究も地球規模の共同体を形成している。逆に世界の優れた芸術的学術的業績が、我が国で翻訳を通じて共同体を広げているのである。

言葉は空間を広げるだけではない。時間を越えて伝える力をもっている。井上ひさしは、その著書『自家製文章読本』(新潮文庫、一九八七年)の中で、「たしかにヒトは言葉を書きつけることで、この宇宙の最大の王『時間』と対抗してきた。芭蕉《ばしょう》は五十年で時間に殺されたが、しかしたとえば、周囲がやかましいほど静けさはいやますという一瞬の心象を十七音にまとめ、それを書きとめることで、時間に一矢《いっし》むくいた。閑《しずか》さや岩にしみ入蟬《いるせみ》の声はまだ生きている。時間は今のところ芭蕉を抹殺《まっさつ》できないでいるのだ。(中略)。わたしたちの読書行為の底には『過去とつながりたい』という願いがある。そして文章を綴ろうとするときには『未来とつながりたい』という想《おも》いがあるのである」と述べている。

言葉は、それを綴ることによって、親子や恋人同士の極小から世界規模にまで、さらに時間さえ超えて、数限りない共同体＝コミュニティを広げていくのである。ただそれらの文章は、読む人に親切で分かりやすく伝わりやすい、つまり、達意性の優れたものでなくてはならない。より広い共同体を形成しようとする文章は、読み手がしっかりと受け止められるものでなくてはならないだろう。

いずれにせよ、素言語は他の素言語とつながりあって文脈を形成し、人と人とを結び付けるコミュニケーション・ツールとして機能していくのである。

第２節　言葉の性格

1　言葉は曖昧で類型的なものである

一つの「素の言葉」には幾つもの意味がある。例えば〝手〟という言葉を『明鏡国語辞典』で引いてみよう。

［手］（名）

①人の両肩から分かれ出ている部分。うで。動物の前肢。②手首から指先までの部分。てのひら。③器具などで本体から分かれ出た部分。取っ手。握り。④植物の蔓をからませるために立てる棒。⑤仕事や作業をするために使う手（執筆の手を休める、手に職をもつ）。⑥舞や踊りの所作。手振り。⑦労働力。人手。⑧手数、手間（この子は甘えん坊で手がかかる）。⑨物事を行うための手段、方法（卑怯な手を使う）。⑩勝負事で、攻めや守りの技（堅い手で攻める）。⑪囲碁・将棋の打ち方、指し方（先手、後手）。⑫トランプ、将棋、麻雀などで手中にある札、駒、牌など（いい手がきた）。⑬腕前、技量（書道の手が上がる）。⑭筆法、筆跡。⑮支配下・監督下（にあるもの）（平家の手のもの）。⑯ある方面・方角（山の手、行く手）。⑰ある特定の種類のもの（その手の話には気をつけろ）。

以上は名詞だけだが、まだまだ色々な意味や使い方があって、成句としては、「手が上がる、手が空く、手が切れる、手がつけられない、手が入る」など手が回らないほどで、このあたりで手を引きたいというところだ。

この「手」という言葉は、それぞれが地下水脈でつながっているような印象だが、英語のradicalなどは「過激な、急進的な」という意味と「根本的、基本的」という全く正反対に思える意味をもっていて、言葉の複雑怪奇さに驚くのである。

このように言葉はそれぞれ複数の意味をもっているため、結果的に、曖昧なものにならざるを得ない。言い方次第で全く別の意味に受け取られ、誤解の生じることもしばしばだ。一つの言葉に一つの意味しかないとなれば、その心配もないが、現実はそうではないから厄介である。誤解のない、曖昧さのない伝達を心掛けるためには、誰もが使う言葉に常識の範囲をこえない程度の意味を持たせて、ということになるのである。いきおい、類型的、没個性的にもなるというものだ。

陳腐な例で恐縮だが、愛の告白一つをとっても、「好きだ」とか「愛している」といった誰もが使う言葉を使いたくない。もっと、自分だけの、心のこもった言葉で伝えたいと思うのが人情である。しかし、だからといって「この道を、君と一緒にいつまでも歩いて行きたい」というのも芝居じみているし、言われる方も照れ臭くて逆に白々しい気持ちになったりもする。

この言葉の曖昧さとそれからくる類型性は、自分独自の〝生きた言葉〟で伝えたいと考える人間を悩ませ、考えさせ苦しませてきたのである。あのヘルマン・ヘッセですら、「画家は自分の言葉である色で（中略）、音楽家はその音ですべての人間の言語を語れる」が、「詩人は学校の授業や商売に使われ、電報を打ったり裁判したりするときに使われる普通の言葉を使って自分の仕事をしなくてはならない」（『ヘッセの読書術』ヘルマン・ヘッセ著、V・ミヒェルス編、岡田朝雄訳、草思社、二〇〇四年）と嘆いているのだ。しかし、このことは詩人に限ったことではない。散文家にとっても条件は同じである。

では、言葉の類型性を乗り越えるためにどのような方法があるのだろうか。本章の後半の「言葉の所有」の項で考えてみたい。

2 言葉は日々新しくなる

最近、昔の言葉を掘り起こして一冊にまとめるといったことが、よく行われている。若者たちの使う言葉が間違いだらけだという批判も多く、言葉の乱れを嘆く声も聞こえてくる。死語という、見るだけで辛くなるような言葉もある。

死語といえば、皇居のことを昔は宮城と言った。今、キュージョーといえば大人でも球場だと思う。省線は国鉄になり、今ではＪＲと呼ばれている。言葉は時代と共に変化するものなのだ。

若者たちの話し言葉で、マジで、いまいち、ウザイ、やっぱ、などは品がないと思うが、固まる、切れる、目が点になる、真っ白になる、ハマる、といった言葉は、いかにもリアルで感性的だと感心したりもする。食べれる、見れるなどの〝ら〟抜き言葉は批判の的だが、特にひどいのは

「こちら、コーヒーになります」というウエイトレスの接客用語だ。それよりもっと驚いたのは、あるテレビ番組で、地方の水族館を訪問したタレントに、若い女性係員が「こちら、オットセイになります」と言っていたことだ。思わずのけぞってしまった。

言葉は変わる。変化していく。とはいっても、マジやイマイチが論文・レポートに躍っているのを見ると、会話でならともかく、場違いも甚だしいと鼻白む気持ちになる。喋り言葉と書き言葉の分別をわきまえたいものだ。

新しい言葉といえば、IT用語が人々の日常に進出してきている。当然、書き言葉の世界にも入ってくる。リセットだとかサイトなどは、人間関係の修復やグループの連絡場所（古くはアジトと言ったりした）を意味する言葉として使われている。これもまた、時代の空気である。

今のIT用語ではないが、時代が全く新しくなった明治時代には、やはり新しい言葉が多く生まれている。井上ひさしの『私家版日本語文法』（新潮社、一九八一年）によると、「男性・女性・文化・運命」は坪内逍遙によって、「自由・演説・鉄道」は福沢諭吉（広告という言葉も彼の作）、福地桜痴の「主義・社会」、西周の「哲学・文学・心理学・権利・義務」、森鷗外の「業績」など、現代の我々がごく日常的に使っている言葉が多く生まれているのだ。

こうして創造された翻訳漢語が、大戦後の英語の流入によって、今度はカタカナ語に改鋳されて使用される傾向が見られ、面白い。例えば、催事がイベント、演説がスピーチ、署名がサイン、利点がメリットである。

いずれにせよ日本語は、その時代のトレンド（以前は傾向）にそって漢字と仮名を上手に使いこなしてきたようである。

第3節 日本語の特徴

1 多種類の文字を使用する日本語

日本語は普通、漢字、ひらがな、カタカナの三種類の文字を使用している。しかし現実には欧文をそのまま日本文の中に加えて使い、アラビア数字やローマ数字、漢数字なども用いるので、実際に使用している文字は四種類以上だと言っても間違いではない。

もともと日本語は文字をもたず、四世紀、中国からの漢文の流入によってそれまで使用していた和語に漢字を当てはめ、それによって文章が書けるようになったのである。以来その漢字の意味と形態から、ひらがなやカタカナをつくりだし、日本語に当てはまりきらない漢字の補助機能として使うようになった。

外来文化を自らの尺度に合わせて活用することの巧みさは、日本人の古来からの特性であったようである。しかし、そのおかげで現代の我々は多くの恩恵を蒙っている。例えば漢字をひと目見ることで、発信されている情報のおおよその意味を理解することができる。外国語の音声をカタカナで、原音に近い形で知ったり書いたりもできるのである。

2　男女の特質と日本の文字

漢字とひらがなについて、三島由紀夫は次のように述べている。「純粋の日本語とはかなであります。平がなのくにゃくにゃした形から、われわれはあまり男性的な敢然としたものを感ずることはできません。実際平がなで綴られた平安朝の文学は、ほとんど女流の手になったものでありました」（『文章読本』中公文庫、一九七三年）。

三島によれば、男性の文学への参与は『和漢朗詠集』のような漢字によるものであった。つまり、ひらがなは女文字であり、漢字は男文字として用いられたというのである。「私は当時を空想するのですが、当時の社会では論理と感情、理知と情念とは、はっきり男女に分かれていました。そして女子は感情と情念を代表し、男性は論理と理知を代表していました」。

三島は言う。使う文字の違いは、本来両性の性的特質に基づくものであるが、平安時代はこの特質に従って使われる言葉が違った。そして論理と理知の外延には政治経済があり、社会的関心があった。感情と情念の先には情熱があり、恋愛があり、悲しみがあり、人間生活のあらゆる内的なものがあった。

改めて考えてみると、日本の文章の世界は、男女の協同によって開拓されてきた男女平等の世界だということがわかるのである。男性中心に発展してきた、絵画、彫刻、音楽など、他の芸術とは異なる成長をしてきたと思うのだ。

3 表意文字と表音文字

日本語の大きな特徴に、表意文字と表音文字の併用がある。漢字は言葉自体が意味をもつ表意文字であり、仮名は音のみの表音文字である。

「朝」は〝朝〟であることを一字で示すとともに、意味も同時に伝えてくれる。「あさ」は〝あ〟と〝さ〟が合体して〝朝〟という意味を知らせる。しかし、ひょっとすると〝麻〟という意味かもしれない。表音文字においては前後の文脈に頼らないと、真の意味は伝わらない。

表意文字の「朝」は、ひと目で朝のさわやかさをイメージさせてくれる。「あさ」にはイメージの広がりが乏しい。意味をもつ言葉と音のみの言葉とでは、こうした違いが出てくる。さらに、いま「あさというかなによると」と書かれていると、瞬間、「麻と言うか、何によると」などと読み間違えたりすることがある。正確に読むと「朝という仮名によると」ということなのだ。こういう誤読はすぐ、本能的に修正されるが、読み手を戸惑わせることには違いがない。

本来、表意文字と表音文字は相互補完の関係にある。文章の実質的な意味の部分を漢字が担当し、その意味と意味とをつなぐ連結の部分を仮名が受け持つ。昨今、漢字の使用率と読みやすさの関係、文章面の硬さ・柔らかさなどが問題とされ、仮名が実質的意味を担当することが多くなっているが、本来的には表意・表音の役割にかなった文字使用が行われるべきである。

日本語には、朝と麻のように、同音異義語が多い。「書く・欠く・格・掻く・角・描く」、「市販・師範・紫斑」、「私服・私腹・紙幅・至福」と枚挙にいとまがない。これらは仮に仮名で書かれていても、普通の読解力をもっている人なら痛痒を感じない。ただ、昨今の大学生に顕著にみられる誤字・当て字の原因になっているのは否めない事実である。

いずれにせよ、表意・表音を併用する日本語で文章を書くかぎり、その役割をよく心得ておくべきである。

4 訓読と音読

表意・表音に続いて知っておきたいことは、訓読と音読である。訓読は漢字に大和言葉を当てて読むことであり、音読は、漢字を字音で読むことである。朝は「あさ」と訓で読み、同時に「ちょう」と音で読む。私は「わたし」であり、「し」である。

このことは、すでに理解されているように、漢字が中国から輸入され、日本語化する過程で行われてきたことである。我々の祖先は漢字を日本の言葉に当てはめて〝かな〟をつくり、その音標で漢字を読み、かつ元の漢字を輸入したままの字音で読むという器用なことをやってのけた。もちろんオリジナルの漢字の字音は、長い年月の間に日本語的な音韻になじんで、今では本家中国の発音とは同一ではない。しかし一つの漢字を二通りに読むことで、表現の多様性と豊かさを獲得したのだ。われわれ子孫は幸福である。

5　漢字の形象性

漢字はそれを見ることで、瞬時に意味を知ることができる表意文字であるとして、その利点を述べてきた。その利点は、実は、漢字がもっている〝形〟によるところが大きい。

意味は形によって伝えられる。漢字はその形象性によって独特の視覚伝達性をもつ。形が、漢字の表意性を支えているのである。このことについては谷崎潤一郎や三島由紀夫など多くの人々が指摘している。谷崎や三島に言われるまでもなく、例えば「燦然《さんぜん》」「憂鬱《ゆううつ》」「懔乎《りんこ》」といった複雑な漢字に、カタチの美しさと意味の表示性の深さを感じるのである。

文芸散文でなくても、ペンをとる場合、漢字の表意性と形象性は大いに活用すべきである。常に意識的にそうした視線で漢字を見つめていくべきである。

第４節　言葉の所有

1　既成の言葉をより多く知る

自分が表現したいことと表現できることの乖離については、すでに述べた。その解決のために、より多くの言葉を体内に貯蔵したいものだと言ったが、具体的にはどうすればよいのだろうか。

まず第一は既成の熟語を多く知ることである。いわゆる語彙を豊富にするというもので、普段の会話では使わなくても痛痒を感じないけれど、いざ文章をという時に必要になる、あるいは使った方が便利でかつ文章自身が無駄なく引き締まるという場合が多い。

例えば、先ほどの〝痛痒〟という熟語も、普段のお喋りの中ではあまり使わない。しかし文章の場合は別だ。〝心身の苦痛〟、〝物質的な損害〟など、幾つかの意味を前後の文脈との関係でニュアンスをもって表現できる。もう一例挙げると、以前〝地図を書く〟の演習で、「その道を真っすぐ行くとJRの線路を越える橋があるので、その橋を渡ります」という記述を読んだことがある。同じことを「その道を真っすぐ行き、JRにかかる跨線橋《こせんきょう》を渡ります」とすれば、跨線橋という言葉一つで文章は引き締まり、無駄に多くの字数を使う必要もない。しかも、「橋があるので、その橋を渡る」といった同語反復もなくなるというものだ。

多くの書き言葉を身内にもつことは、文章の表現力や伝達力を高めるために必要不可欠なことである。

次に必要なのは、格言、警句、諺、成句の類いである。『明鏡国語辞典』によると、格言とは、「世人への戒めや教訓を簡潔に言い表した古人のことば。金言。『時は金なり』の類」とある。警句とは、「巧みな表現で人生や社会の真理をついた短いことば。アフォリズム。『夫婦生活は長い会話である（ニーチェ）』の類」としている。

諺は、「教訓・風刺・真理などを巧みに言い表し、古くから世間の人々に知られてきた短いことば。俚諺《りげん》。『親の心子知らず』『旅は道連れ世は情け』などの類」である。

成句とは、「昔から広く世間の人に知られ、しばしば引用される詩文の句やことわざ。故事成句。

成語。『門前市を成す』『呉越同舟』『親の心子知らず』の類」、あるいは「習慣的に二つ以上の語が結合した形で使われ、全体である特定の意味を表す言い回し。『顔がきく』『手が早い』『腰が低い』の類。慣用句」とある。

格言、警句、諺、成句。普段使っていると、どれも同じように受け取りがちだが、厳密に言えばそれぞれが違う意味をもつ。言葉に対する時は〝言葉の数だけ意味はある〟と考えておくのが正しい態度だろう。

これらの言葉に出会ったときはそのつどメモに取り、密かに隠し持っていると便利である。例えば、昨今の親子の断絶をテーマに書いているときなど、その行き違いを細ごまとくどく書くより、「親の心子知らずとはよく言ったもので……」と引用すると、読み手の方でイメージを広げてくれ、内容が奥深くなる。さらに、文章そのものも短く引き締まったものになる。

今、メモを取ると言ったが、こうした言葉は故事・成語集といった類いの本が出ているので、一冊、手元に用意しておくとよい。

以上のような言葉とは別に、時事用語、経済用語、政治用語など、それぞれの分野の専門用語も小まめに収集しておく必要がある。例えばバブル崩壊の一言で二〇世紀末の我が国の経済不況が、その原因から状況まで一言で表現できる。昨今では「確定拠出年金」「ＴＯＢ」「診療報酬」などの用語は知っておきたい言葉である。これらは新聞、雑誌、テレビ、ラジオ、インターネットからの収集ということになる。

2　自分の言葉を増やす

自分の言葉を増やすといっても、言葉を新しく発明するというのではない。時には造語する、つまり既存の言葉やその一部を生かして新しい言葉を造り出すこともあるが、その場合はその言葉が社会から受け入れられるような普遍性をもっている必要があり、誰でも勝手気儘に造れるというものではない。例えば本書で使用している〝知的散文〟は社会学者・清水幾太郎の造語であり、〝微苦笑〟は作家・久米正雄の造語だが、これらは一読、共感できる普遍性を備えている。こういう作業はそう簡単にできるものではない。

ということで、自分の言葉を増やすというのは造語ではなく、書物や新聞雑誌、テレビやラジオなど身近な環境の中で自分の感性や知性を刺激した言葉やフレーズを、小まめにノートにとり、身内に蓄えていくことを言っているのである。

例えば、これは女子学生の作文の中にあった言葉だが、「私はおしゃべりが好きです。ブリキのおもちゃのようにしゃべります」というのがある。ネジを巻くと両手のシンバルを狂ったように打ちまくる、あのお猿のオモチャが目に浮かび、なんと巧みな比喩であることかと舌を巻くのだ。また、男子学生の例で、「僕は祖父母に桃太郎のように育てられた」というのがあった。これもまた俗に言う、大事にされて育てられた〝爺さん子・婆さん子〟の、まことに見事な形容だと感心した。教室で突然の課題として出された中で、こうした言葉をとっさに書くことができるのは、普段から何らかの方法で言葉の貯蔵を行っているように思われてならない。

何年か前に中国東北部・瀋陽の日本領事館に駆け込み、中国公安警察に引き渡された脱北者家族がもっていた英文の手紙に「北朝鮮で動物のような刑罰を受けるくらいならここで死にたい」というのがあった。〝動物のような刑罰〟というフレーズに、あの国の残酷な実情が瞬間的にイメージされた。彼らの切実な現実に胸が痛くなるのと同時に、そうしたときに、人間が絞り出す言葉の凄さに心を打たれ、言葉がもつ強さに感動した。

誤解のないように言っておくが、こうした言葉やフレーズをメモにして、それをどこかで使いなさいと言っているのではない。こうした言葉の収集が、やがて、自分の身内に言葉に対する感覚を育て、自分独自の言葉を発露させる土壌となるのだということを言いたいのである。

3　言葉を増やす方法

既成の言葉を多く知ることや、自分の言葉を多くもつことの重要性について述べてきたが、では、どのようにしてそれを行えばいいのだろうか。

専門用語、時事用語の類いはすでに述べたように新聞・雑誌・テレビ放送の中から収集するのが普通の方法である。用語集を購入していざというときに備える手もあるが、現実にはなかなか応用が効かない。実際に使われている文章や音声の中で、具体的に見聞した経験が体内に眠っていて、それが必要な時に甦ってくるというのが一般的だ。従って、日頃からの注意深い収集が必要となる。

それでも用語は、それを当てはめたい状況に直面したとき、改めて用語集に当たるというやり方も残されている。それより、問題は普通の言葉でありながら伝える内容を的確に表現してくれる熟語や、そうした言葉では満足できない自分オリジナルの表現をどのように所有するかということである。前者で言えば、すでに挙げた〝跨線橋〟〝痛痒〟、その他〝忸怩《じくじ》〟〝間遠《まどお》〟などがある。後者では、前項で挙げた〝桃太郎のように〟だとか〝ブリキのおもちゃのように〟といった形容である。これらの言葉は、自分の伝えたい気持ちをより精密・鋭敏にしてくれる、どうしても持っていたい言葉たちである。

ということで実際の言葉の貯蔵の方法を考えてみよう。

㈠本を読み、言葉と出会い、自分なりの索引をつくる

本を読んでいて、あるフレーズや言葉が自分の感性や知性を刺激した場合、そこに線を引く。ここまでは誰でもやることだが、その時、その線を引いた箇所の頁をその本の扉に記入し、簡単なキーワードを書いておく。

例えば、川上弘美の『ニシキノユキヒコの恋と冒険』（新潮社、二〇〇三年）を読むとする。69頁に次のような記述がある。

「ユキヒコはさしてわたしのことを好きではなかった。そういうことって、なんとなくわかるものだ。ユキヒコは、なめらかにうわの空だったのだ。うわの空なんだかどうだか、よくよく注意してみなければわからないほどの、なめらかさ」とある。

この〝なめらかにうわの空〟というところに、男からムキになって愛されていない女性の鋭敏な感覚と、好きとは言ってもどこかで心底惚れてはいない男の心情が、〝なめらかさ〟という言葉の陰に隠れていて、読み手である自分の感性が刺激されたとする。

そこで、白い扉の片隅に「p69・なめらかにうわの空」と記しておく。

②本を読み、文章に出会い、自分なりの索引をつくる

①の例は、短いフレーズないしは言葉であったが、もっと長い数行にわたる文章に傍線を引くときがある。こうした場合は、扉にそのまま全文を書くわけにはいかない。その全文を五～六字に要約して記入する。

これは、言葉の所有、文章の記憶（自分が書く場合の引用に役立つ）と共に、一定の長さの文章を概念化、あるいは記号化する訓練にもなる。

次の文章は福田恆存（評論家・劇作家、一九一二－一九九四）の『批評家の手帖』（新潮社、一九六〇年）の182頁に所載されているものである（原文に従い旧仮名で表記する）。

「たしかに言葉は共有のものである。一つの言葉を通じて、話し手の側には表現が、聞き手の側には理解が成りたつ。それは話し手と聞き手とに共有される。その前提のもとに會話が行はれ、言葉が用ゐられる。が、その場合、表現と理解が重なり合ふのは、すなはち表現と理解において一つの言葉が確實に共有されたと言へるのは、わずか一部分に過ぎない。そこには兩

者がずれて重ならない陰の部分がある。ただ日常會話においては、その陰の部分は極く小さく、無と見なしてさしつかえないといふだけのことだ。つまり、言葉も、たがひに共有してゐると言へる程度に、間に合ってゐるだけのことだ」。

これだけに傍線を引いて、扉になんと記入するか。例えば、

「a・p182・言葉の表現と理解の齟齬」

あるいは、

「b・p182・言葉の曖昧性」

といったところだろうか。

いずれにせよ、この一文はすでに述べた言葉の類型性、曖昧性を指していることに間違いはないのである。

③言葉をめぐる思考

一つの言葉を選ぶ。何でもよい。例えば、遊ぶ。例えば、愛。例えば、ぬくもり。平凡な言葉でも難解な言葉でもよい。一つの言葉を自分なりに解剖、あるいは解釈してみる。

これは言葉について考えるということであるが、必ず頭の中だけではなく、文章にすることが大

切である。書くことによって、言葉に対する感覚が磨かれ、連鎖的に新しい言葉と出会うこともある。言葉を身内に取り込む訓練の一つである。

筆者の講座の若い受講生のものを一つ紹介しよう。

◆再生

飛行場を見ていると「再生」という言葉が浮かんだ。午後七時の飛行場は、五分刻みに飛行機が到着したり飛んで行ったりする。それはまるで、投げたボールが地面を跳ねるようだ。次々とそんな情景を見ているうちに、「生まれ変わり」という言葉が頭に浮かんだ。次に「生まれ変わり」というより、「再生」という言葉に近いと思った。イメージとしては「re:」。繰り返される動作がそんな言葉を彷彿とさせた。

「旅の終わり」という終点から、「旅立ち」という、図らずも明るいイメージに変わるのが、使えなくなったものを新しくする、死んでしまったものを新しくする、甦らせるというイメージになった。ここまで考えてきて、あっ、古い言葉で「輪廻転生」というのがあったことを思い出した。

こうした〝言葉をめぐる思考〟は頭の中だけで終わらせてはいけない。必ず書き留めるという行為が必要だ。①②は、取り出した言葉が一覧できるように、書名と扉に記した要約語を専用のノートに書き留めておくとよい。③もまた、それ専用のノートの作成が必要である。

①②は小説、評論、レポート、新聞・雑誌記事などあらゆるものが対象となる。散文に限らず詩歌もまた同様である。できれば、その言葉を選んだ理由や感想を記入しておきたい。

■言葉を集める演習

「第4節3の①、本を読み、言葉と出会い、自分なりの索引をつくる」を実際にやってみよう。

①を書物の扉にメモするだけではなく、「言葉のコレクション」としてノートに書き写し、なぜ選んだのかをメモしておくのである。

②や③は、特にここでの課題とはしないが、折りに触れてやってみるとよい。②は「賢人の文章」として、これもノートに書き写しておく。③は机の前で改まるのではなく、手帳大の雑記ノートを用意して、電車の中や散歩中、食事中など、思いついた時にメモをしておく。その後でノートに思考をまとめる。

①②は読書のとき適宜行うが、ボールペンなどを用いず必ずシャープペンシルなど、いつでも消せる筆記具とする。読んでいるときとノートするときの再読とで、考えが変わることがある。その場合にはいつでも消去できるようにするためである。

第3章

実用的な発想法

文章を書くとき最初に考えるのは、〝何を書くのか〟ということである。第1章の「自画像」という課題を例にとると、自分のことを書くのだと分かっているが、では何を話題に選べばいいのか。何を書けば、最も自分を浮き彫りにできるのか。迷うところである。

第1章の書き手は、「月光」というタイトルで、就寝時の自分の癖と小さな悩みを話題にした。どういう経緯でこの発想に至ったのかは不明だが、何らかの脳内作業が行われて、この着想に行き着いたはずである。

発想・着想・アイデア・ひらめき・知恵。色々な言い方があるが、話題を思いつくために、いつやって来るかもしれない〝ひらめき〟を待っているわけにはいかない。何らかの方法で〝発想の仕組み〟を身につける必要がある。この章では、そういった発想の技法について考えることにする。

第1節　いつでも何かが書ける生活

1　問題意識をもつ

今、発想の一例として「月光」の話を取り上げたが、あの書き手は、部屋を閉め切り明かりをつけたままでないと寝られないという悩みを話題にしていた。これは、多分、折りにふれて彼女が考えていたことに違いない。だから教室で課題を出されたとき、比較的短時間で発想できたのである。

人間は片時も離れずに自分と一緒に暮らしている。自分のことは何でも知っているが、しかし、意外と自分のことを考えていない。日頃の生活態度や癖、行動性向の是非などについては、特に悩みや問題が起こらないかぎり考えない。

このことについて谷川徹三（哲学者、一八九五－一九八九年）は「自分の思うことが何でも行われるような人はあまり物を考えない。幸福な人もあまり物を考えない。何かの問題に苦しんでいる人、実際生活の中で、何かの障碍《しょうがい》に突き当たって自分の思うようにならないというような人が物を考える」（『哲学案内』講談社学芸文庫、一九七七年）と言っている。「月光」の女性は、谷川が言うほど深刻な悩みではないが、友達の話を聞いて、自分の癖に軽い問題意識をもったのである。

問題意識とは「一つの事象・事態に敏感に反応して、その核心を見抜き、積極的に追究しようとする知的な姿勢」である。しかしまあここまで構えなくても、「世間の出来事から身辺の小さな事情にまで、いつも疑問をもち、考える」ことだという程度に受け止めればよい。

問題意識は発想以前にあるもので、これがそのまま発想法だというわけではない。文章を書くためにもつというよりも、本来それとは無関係に独立してあるべきものだ。常に問題意識をもっているから、結果として、文章の発想（＝何を書くのか）に役立つのだと考えたい。書く・書かないにかかわらず、問題意識は常にもっていなければならないのだ。問題意識とは発想の土壌であり、豊富な地下水源であり、「いつでも何かが書ける生活」の下地だという認識である。

2　発想には技法が必要

発想とは『明鏡国語辞典』によれば「思いつくこと。新しい考えを得ること。また、その方法や内容」とある。本書では「アイデア、ひらめき、着想、知恵」としておきたい。発想・知恵とくれば一休さんの虎退治が有名だが、こればかりではない。甕を割る少年やコロンブスの卵、ヴェニスの商人、大岡越前守の大岡裁きなど、洋の東西を問わず数多くある。これらはみな「とっさの智恵」、トンチである。トンチとは「機に応じて即座にはたらく意表をつく智恵」であり、いつもそう簡単に出てくるものではない。

以前、四国の高知市へ行ったとき、高知城天守閣に来訪者記念ノートというのが置かれていて、何か一筆書いて下さいとあった。何げなく頁をめくっていると「コッチ来て、トッサに浮かばぬ智恵のなさ」という川柳もどきの一句が目に入った。高知と土佐にひっかけたといえばそれまでだが、こういう思いつきは咄嗟に出るものではない。感心して何も書かずに帰って来た。

これはまぎれもなくトンチである。いつでもどこでも、トッサにこういう「意表をつくアイデア」が出てくればいいが、それはなかなか難しい。かといって、何かが閃くまでじっと待っているわけにもいかないから、人工的に発想の手掛かりをつかむ技法が必要なのである。

発想はひと口でいうと脳内作業であるが、紙やペンを使って手仕事的に行う方法と、思考を巡らせる頭脳内操作に頼る方法がある。前者のやり方では、素朴なところで「メモする」というのがあるが、これはそれなりの効力をもっている。次に、あのブレーンストーミングを一人で行う「連想式発想法」、書きながら考える「ペーパー式発想法」などである。

後者の方法では、J・W・ヤングの発想法「言葉を見つける」「つながりをつける」という二つの方法、トンチの変形とも言える「水平思考」。いずれも、頭脳を意識的に操作しながら発想しようとする技法である。以上の六つの技法を見ていくことにする。

第2節 紙を使う発想技法

1 メモする

思いついたら何でもメモする癖をつけることだ。人間は忘れる生き物だということは誰でも知っている。だからメモは必要だと言うのだが、実はそれだけではない。メモは、発想・思いつきの手掛かりになる。仕事中も散歩のときも、スポーツするとき、観戦するとき、常に離さずメモ帳をもとう。

この〝日常メモ〟とでも呼ぶべきものに、自分の知性・感性を刺激したものは何でもメモする。読書、新聞・雑誌記事、見聞、テレビ・ラジオの言葉などは当然のこと。散歩中に思いついたことから電車の中の他人の会話まで、面白い、興味がわくというものがあれば、すかさずメモする。中吊りや駅張りポスターに注意を引くものがあれば、これもメモする。町の名前に不思議なものがあれば、これもメモするという具合である。

東京・渋谷から宮益坂を上がっていくと、三叉路に出る。信号機には「宮益坂上」とあり、その同じ場所にある歩道橋には「金王坂陸橋」と書いてある。「ここは何処なのだ」と考えるだけで、愉快ではないか。その少し手前の宮益坂の左側のとあるビルの入居者プレートの一つに「日本仲人連盟」というのがある。仲人というと個人のイメージで、協会というのなら普通だが、連盟とくると不思議な感興をもよおすのだ。京都の地下鉄で、質屋のポスターに「入り口が分かりにくいから、入りやすい」というのがあった。理由を説明する必要はないだろう。これなんか、即、メモである。

以前テレビで、今はレッドソックスの松坂投手がインタビューに答えて「試合を楽しんできます。ハイ」と言っていた。その前後、女子プロゴルファーの宮里選手がやはり、「プレーを楽しみます。ハイ」と言っていた。自分の言葉に自分で返事をするのは最近の流行りらしいが（ちなみにヤンキースの松井は、ウン）、そのことよりも「仕事を楽しむ」という言葉は筆者にはとても新鮮に感じられた。如何にも今風で明るくていいと思った。で、即座にメモ。宮益坂や仲人連盟、質屋さんのメモは今のところ眠っているが、「試合を楽しむ」というメモは、週刊誌のコラム原稿のネタになった。これが先に言った、〝思いつきの手掛かり〟になった実例だ。以下に紹介する。

◆なぜ働かないといけないの

ボストン・レッドソックスの松坂投手は、以前、試合に臨む抱負を聞かれて「プレーを楽しみます」と答えていた。女子プロゴルフの宮里藍ちゃんも、同じようなことを言っていた。「頑張ります」と聞くと、なんとなく辛いものがあるけれど、「楽しみます」と言われると、聞く方も気持ちが明るくなるね。

働くことは楽しいことだとテレビの前で言えるようになったのは、つい最近のことのように思える。昔は「働かざる者、食うべからず」と眉毛をつり上げていたけれど、今はそういう時代じゃない。誰も彼も仕事を〝楽しむ〟時代になっているのだ。

楽しめる仕事が見つかれば「なんで働かなくちゃいけないの」なんて思ったりしない。問題は、そういう仕事をどう見つけるかということだ。でもどうだろう。松坂くんや藍ちゃんは、仕事を見つけようとしたのだろうか。そうではあるまい。あの人たちは、プロの選手になりたいと思ったはずだ。〝探す〟のではなく〝成りたい〟と思ったのだ。

今は爪をお化粧することだって、専門職として自立できる世の中。動物が好きならトリマー、ケーキ好きならパティシエというのも楽しそう。とにかく、昔は考えられなかった仕事が、今は職業として成立している。探すよりも成る。これが二一世紀というものだ。

やりたいことを職業にするのだから、楽しくないはずはない。働くことは、実は面白く楽しいことだと、子供に自信を植え付けることにしよう。

〔『週刊女性』二〇〇七年六月十二日号〕

このコラムは、「なぜ働かないといけないの」と質問されたお母さんに、「あなたは子供の問いにどう答える」と問いかけると共に、答えの参考になるようなサジェスチョンを色々な書き手がリレー式に連載しているものである。

筆者は仕事は面白くないといけない、楽しくないとやり遂げられないと考える人間で、まあ、今日までその姿勢を崩さず生きてきたつもりだ。これはいつも心の奥底に抱いている、自分の問題意識でもある。だからといって自分の話をしても、経歴から始めなくてはならず規定の六〇〇字には収まらない。そこでメモをパラパラめくって、松坂投手の言葉に行き着いた。普段は隠れている問題意識が甦り、それにメモが仕掛けをくれたということになる。

もう一度言おう。メモは記憶のためだけではない。発想の手掛かりとしてこそ重要なのだ。

2　連想式発想法

課題を前に〝何を書くか〟を考えるとき、人は必ず、あれこれ考えを巡らせる。色々な言葉やフレーズが無関係に跳び出てくる。思いついた言葉にリンクする言葉が浮かんでくる。思考が広がる。いわゆる連想だ。頭の中に生まれたばかりの言葉が、浮遊している。この連想を発想に活用しようとするのが、「連想式発想法」である。

まず、課題が与えられた場合、その課題を連想スタートのキーワードにする。本書のこれまでなら、自画像、風景、言葉ということになろうか。こうして始めた連想によって言葉がアナーキーに生まれてくる。何を連想しても自由。制限しない。こうして生まれた言葉を〝素材言語〟と呼ぶことにするが、この素材言語を浮遊させたままにしないで、一つ一つ紙に書き付けて固定していく。

連想は直線的に進まず全方位的に拡散するはずだ。これを〝拡散思考〟という。七〇〜八〇個程度の言葉が固定されたところで、関連のある言葉ごとにグループ化し番号をつける。これを〝収束思考〟と呼ぶ。収束思考で幾つかのグループが出来上がったところで、一つあるいは複数のグループをまとめ、その内容を検討すると〝何を書くのか〟、つまり、書くべき話題とアウトラインの概略が現れてくる。〝話題化〟の実現である。

次にその具体例を紹介しよう。課題はトマトである。

◆連想式発想法――トマト

【拡散思考】「トマト」をキーワードに発想の素材となる言葉をつくる。

①色は赤がほとんど　②黄色、緑、黒などのカラートマトもある　③普通の大きさ（ラウンド）のほか、ミディ、プチ、ミニミニなどサイズもいろいろ　④見た目で勝負となってきたのか　⑤「アイコ」「うまかんべえ」「織部」などユニークな名前の品種が多い　⑥流通している品種のシェアは「桃太郎」がトップ　⑦「トマト銀行」もあった　⑧糖度の高いフルーツトマトの生産が増えている　⑨品種が多いので品種間、産地間の差別化が必要　⑩熊本の「塩トマト」は名前のイメージとは異なり、かなり甘い　⑪インターネットの通販でも販売され、人気だったようだ　⑫海水の塩分にトマトを甘くさせる秘密があるようだ　⑬海水を使って栽培したネギもあった　⑭海水にはミネラルが豊富に含まれている　⑮静岡の「アメーラ」も甘い　⑯アメーラは静岡弁で「甘いでしょ」という意味　⑰トマトにはビタミンCやカリウムが多く含まれている　⑱トマトの赤い色素はリコピン　⑲リコピンには抗酸化作用がある。ガン予防にも良いとか　⑳抗酸化作用といえば「アンチエイジング効果」に期待　㉑トマトがたくさんなると医者が青くなるという言葉がある　㉒カゴメがリコピン含有量の多いトマトを発売する　㉓千葉県はカロテン含有量の多いトマトを開発した　㉔嫌いな野菜の上位に入っている　㉕その一方で、最近は好きな野菜の上位にも入っている　㉖トマトが好きだけど高いと言っている人がいた　㉗糖度の高いフルーツトマトは野菜でなく、嗜好品と言ってもいいかもしれない。それならば高くても仕方ないか？　㉘卸売市場の取扱い金額ナンバーワン　㉙野菜の中で、家庭での購入量が最も高い　㉚トマトの原産地はアンデス　㉛品種改良の始まりはイタリア　㉜日本へは十七世紀に伝来　㉝食用は明治時代から　㉞蟹江という人が日本で初めてトマトソースをつくった　㉟その後洋食屋に広まった　㊱イタリアでのパスタ＋トマトの組み合わせ

は歴史が長いらしい　㊲イタリアではドライトマトもよく使われている　㊳イタリアの中でもシチリアで使われることが多い？　㊴イタリアでは家庭ごとにトマトソースの味が違うのかな？　㊵トマトソースくらい自分で作れるようにしないと…　㊶ケチャップも種類が多い　㊷カゴメでは用途別のケチャップを発売している　㊸「マヨラー」はいるけど「ケチャラー」はいるのか　㊹チキンライスの味付けはケチャップ　㊺トマトは水分量を抑えて栽培したほうが甘くなる　㊻以前、ユニクロが展開していた八百屋のトマトも水分を抑えて栽培し、甘かった　㊼糸井重里氏もお気に入りだったようだ　㊽永田農法で栽培していた　㊾ステビア栽培でも甘くなる　㊿トマト嫌いの子供も、畑で自分で収穫したトマトは食べるそうだ　(51)夏から秋にかけては「狩り」ものが多い　(52)農作業体験も食育　(53)専門家によると「子供より母親の食育」が大事なのだとか　(54)トマトを使用したショートケーキがある　(55)表参道のレストラン「セレブ・デ・トマト」ではトマトを使用したフルコースがある　(56)トマトの旬は夏だが、周年供給が当たり前となっている　(57)ハウス暖房用の重油価格が上がっているので冬場のトマトは高くなるかも？　(58)缶詰の販売が不振の中、ホールトマト缶詰は売れている　(59)大産地のガラスハウスは、空調や室温などの管理が整い工場並みの設備　(60)施設栽培の本場はオランダか。韓国もなかなからしい　(61)この二国はパプリカの対日輸出も多い　(62)「トマトは野菜か果物か」米国で裁判になった　(63)一八九三年野菜との判決が出た　(64)貝原益軒はトマトのことを「唐柿」と呼んでいた　(65)カゴメのトマトジュースに使われている品種は凛々子という。女の子受けしそうな名前だ　(66)トマトジュースは朝食代わりにもなる　(67)スープに入れたっていい　(68)ビールと割ってもいい　(69)高いトマトジュースは一リットルで千円くらいする　(70)フルーツトマトをあんにした和菓子があった　(71)トマトはメキシコでは「サルサソース」の原料として使われる　(72)インドではカレーに入れることもある　(73)韓国と中国では果物とされている　(74)韓国と中国では砂糖をつけて食べるとか

【収束思考】　発想の素材となる言葉を親近性のあるグループにまとめる。

Ⅰ　トマトの色・形……①色は赤がほとんど　②黄色、緑、黒などのカラートマトもある　③普通の大きさ（ラウンド）のほか、ミディ、プチ、ミニミニなどサイズもいろいろ　④見た目で勝負となってきたのか

Ⅱ　甘いトマト……⑧糖度の高いフルーツトマトの生産が増えている　⑩熊本の「塩トマト」は名前のイメージとは異なり、かなり甘い　⑫海水の塩分にトマトを甘くさせる秘密があるようだ　⑭海水にはミネラルが豊富に含まれている　⑮静岡の「アメーラ」も甘い　⑯アメーラは静岡弁で「甘いでしょ」という意味　㉗糖度の高いフルーツトマトは野菜でなく、嗜好品と言ってもいいかもしれない。それならば高くても仕方ないか？　㊺トマトは水分量を抑えて栽培したほうが甘くなる　㊻以前、ユニクロが展開していた八百屋のトマトも水分を抑えて栽培し、甘かった　㊼糸井重里氏もお気に入りだったようだ　㊽永田農法で栽培していた　㊾ステビア栽培でも甘くなる

Ⅲ　トマトと料理……㉞蟹江という人が日本で初めてトマトソースをつくった　㉟その後洋食屋に広まった　㊱イタリアでのパスタ＋トマトの組み合わせは歴史が長いらしい　㊲イタリアではドライトマトもよく使われている　㊳イタリアの中でもシチリアで使われることが多い？　㊴イタリアでは家庭ごとにトマトソースの味が違うのかな？　㊵トマトソースくらい自分で作れるようにしないと…　㊶ケチャップも種類が多い　㊷カゴメでは用途別のケチャップを発売している　㊸「マヨラー」はいるけど「ケチャラー」はいるのか　㊹チキンライスの味付けはケチャップ　㊼トマトを使用したショートケーキがある　㊽表参道のレストラン「セレブ・デ・トマト」ではトマトを使用したフルコースがある　㊻トマトジュースは朝食代わりにもなる　㊼スープに入れたっていい　㊽ビールと割ってもいい　㊿フルーツトマトをあんにした和菓子があった　㊶トマトはメキシコでは「サルサソース」の原料として使われる　㊷インドではカレーに入れることもある

Ⅳ　お国柄・歴史……㉚トマトの原産地はアンデス　㉛品種改良の始まりはイタリア　㉜日本へは十七世紀に伝来　㉝食用は明治時代から　㉞蟹江という人が日本で初めてトマトソースをつくった　㉟その後洋食屋に広まった　㊱イタリアでのパスタ＋トマトの組み合わせは歴史が長いらしい　㊲イタリアではドライトマトもよく使わ

れている　㊳イタリアの中でもシチリアで使われることが多い？　㊴イタリアでは家庭ごとにトマトソースの味が違うのかな？　(59)大産地のガラスハウスは、空調や室温などの管理が整い工場並みの設備　(60)施設栽培の本場はオランダか。韓国もなかなからしい　(61)この二国はパプリカの対日輸出も多い　(62)「トマトは野菜か果物か」米国で裁判になった　(63)一八九三年野菜との判決が出た　(71)トマトはメキシコでは「サルサソース」の原料として使われる　(72)インドではカレーに入れることもある　(73)韓国と中国では果物とされている　(74)韓国と中国では砂糖をつけて食べるとか

Ⅴ　農業・流通……⑥流通している品種のシェアは「桃太郎」がトップ　⑨品種が多いので品種間、産地間の差別化が必要　⑪インターネットの通販でも販売され、人気だったようだ　㉒カゴメがリコピン含有量の多いトマトを発売する　㉓千葉県はカロテン含有量の多いトマトを開発した　㉖トマトが好きだけど高いと言っている人がいた　㉗糖度の高いフルーツトマトは野菜でなく、嗜好品と言ってもいいかもしれない。それならば高くても仕方ないか？　㉘卸売市場の取扱い金額ナンバーワン　㉙野菜の中で、家庭での購入量が最も高い　㊶ケチャップも種類が多い　㊷カゴメでは用途別のケチャップを発売している　㊺トマトは水分量を抑えて栽培したほうが甘くなる　㊻以前、ユニクロが展開していた八百屋のトマトも水分を抑えて栽培し、甘かった　㊽永田農法で栽培していた　㊾ステビア栽培でも甘くなる　㊿トマト嫌いの子供も、畑で自分で収穫したトマトは食べるそうだ　(51)夏から秋にかけては「狩り」ものが多い　(52)農作業体験も食育　(56)トマトの旬は夏だが、周年供給が当たり前となっている　(57)ハウス暖房用の重油価格が上がっているので冬場のトマトは高くなるかも？　(58)缶詰の販売が不振の中、ホールトマト缶詰は売れている　(59)大産地のガラスハウスは、空調や室温などの管理が整い工場並みの設備　(60)施設栽培の本場はオランダか。韓国もなかなからしい　(61)この二国はパプリカの対日輸出も多い　(65)カゴメのトマトジュースに使われている品種は凛々子という。女の子受けしそうな名前だ　(69)高いトマトジュースは一リットルで千円くらいする

Ⅵ　嗜好と食育……㉔嫌いな野菜の上位に入っている　㉕その一方で、最近は好きな野菜の上位にも入っている

㉖トマトが好きだけど高いと言っている人がいた　㊸「マヨラー」はいるけど「ケチャラー」はいるのか　㊿トマト嫌いの子供も、畑で自分で収穫したトマトは食べるそうだ　52農作業体験も食育　53専門家によると「子供より母親の食育」が大事なのだとか

Ⅶ　機能性・健康効果……⑫海水の塩分にトマトを甘くさせる秘密があるようだ　⑰トマトにはビタミンCやカリウムが多く含まれている　⑱トマトの赤い色素はリコピン　⑲リコピンには抗酸化作用がある。ガン予防にも良いとか　⑳抗酸化作用といえば「アンチエイジング効果」に期待　㉑トマトがたくさんなると医者が青くなるという言葉がある　㉒カゴメがリコピン含有量の多いトマトを発売する　㉓千葉県はカロテン含有量の多いトマトを開発した

【主題・話題を考える】

（1）ⅠⅡⅤで「トマトの品種等と流通の傾向」
（2）ⅢⅣで「世界トマト紀行」
（3）ⅠⅡⅤⅥで「トマト栽培から店頭に並ぶまでを親子で体験」（収穫体験や市場見学など含む）
（4）ⅠⅡⅥⅦで「健康効果を考えた親子トマトクッキング」
（5）ⅠⅡⅢⅦで女性対象に「トマトを食べてきれいになる」
（6）ⅠⅡⅢⅦで団塊世代対象に「トマトの品種選びから栽培、料理まで実践しメタボ克服」
（7）ⅠⅢⅦで「健康にも配慮した新品種トマトを使った料理」
（8）ⅢⅥで『日本の洋食の歴史と懐かしのメニュー』
（9）ⅣⅥⅦで「トマトで毎日しっかり朝ごはん」の訴求（生産、流通も巻き込んで）

以上で拡散、収束、話題化とはどういうものか、よく分かったと思う。こうしてみると、〝あれこれ考えて〟決定するという、誰もが生活の中で行っているごく普通のことで、さほど珍しいものではない。それをほんのちょっとシステマティックにやろうというにすぎない。

これと似た方法としてブレーンストーミングというのがある。企業・団体などの企画立案のさいによく用いられ、複数の人間によって行われる。本書の連想式発想法は、それを個人でやろうというのである。この方法の良い点は課題の範囲を限定できるばかりでなく、グループ化した各素材言語がそのままアウトラインの基になったり、あるいは資料収集・取材など、執筆に必要な材料のヒントになる点だ。非常に実用的だということである。

3　ペーパー式発想法

これもまた、特別な方法ではない。ごくありふれた原始的な方法だ。しかし筆者にとってはかなり有効で、今まで随分これの恩恵に浴して来た。

考えるときペンをもつ。書きながら考える。そしてノートを使わない。Ａ４サイズのペーパーに何でもいい、思いついたことを前後の見さかいなく書き連ねる。だからペーパー式発想法である。

書きながら考えるというのは、一種の集中法である。集中法は人それぞれで、歩きながら考える人、お風呂で思いつく人、トイレや車の中など千差万別である。ただこういうのは、漠然と知恵の出てくるのを待っているわけで、どうも能率的ではない。もう少し、能動的というか攻めるというか、仕掛けていくような方法はないものか。そこで、ペーパー式発想法である。

人間、不思議なもので書きながら考えていると、指が勝手に動き出し、考えていないことまでペン先から湧き出てくる。思考が先走るのである。そういう時は勢いにまかせ牽制しないでどんどん走らせる。連想式の流状形とでも言うべきだろうか。言葉やフレーズが次々と湧いてくるのだ。もちろん、こういうものはほとんど使いものにならない。しかし、その中には有効なもの、砂の中のダイヤとでも言いたいものがある。なんと一定の筋をもつ文章になっていたり、タイトルができていたり、本来自分が書きたかったことで、気がついていなかったことなどを見つけることさえできるのだ。

机に向かって一人、一心不乱に、思いつくことの善し悪しに拘泥せずに書き続ける。すると、いつの間にか自分の周囲に穴ができ、その中にすっぽり入り込んでしまったような感覚を覚える。周りの環境はすべて遮断され、集中の極に到達する。こういうとき、思わぬアイデアが湧き出てくるのである。

書きながら考えるとき、ノートを使わない。紙が一枚一枚綴じられていて着脱不可能だからである。書きなぐりながら考える自由・集中を妨げるのだ。ノートに書いていくと次々と乱雑に書けない。何を書いたか前の頁をめくって確認したり、書き損じたからといって丸めて捨てるわけにもいかない。なぐり書きができず不自由きわまりないのだ。

その点ペーパーというのは一枚一枚バラバラで、書き捨てしやすく、前に書いたものの確認も手軽である。一枚書いて不要な部分はハサミで切り、必要なところだけを別のペーパーにセロテープではり、その続きを書くという便利なことも可能である。ノートは不要な頁を破り捨てるというわけにいかないが、ペーパーは、用がすめば簡単に捨てられる。要するにペーパーは、アナーキーに書きなぐれる発想の自由を保証してくれるツールなのだ。

ペーパー式発想法は、発想そのものと文章の下書き、この二つを満足させる実用的な方法である。

第3節　頭脳内操作による発想技法

1　言葉を見つける

アメリカの広告会社の役員であり、後にシカゴ大学の教授となったJ・W・ヤング（一八八六—一九七三年）の『アイデアのつくり方』（今井茂雄訳、TBSブリタニカ、一九八八年）に、「私たちは言葉がそれ自身アイデアであるということを忘れがちである。（中略）言葉はアイデアのシンボルなので、言葉を集めることによってアイデアを集めることもできるのである」という言葉がある。筆者はかつて、この言葉に脳天を痛打された。強い刺激であった。

人間は言葉を使って物を考えるわけで、アイデアの在りかを探す場合も、ああでもない、こうでもないと言葉を使う。アイデアの結晶が芽生えたときも、それは言葉によって概念化される。言葉を見つければアイデアが見つかる。いやその言葉がアイデアそのものなのだ。言葉は意味の容器。言葉の内側に意味が住んでいる。筆者のイメージでは、容器はリンゴぐらいの大きさで、中へ入る入り口がある。テーマだとか話題だなどと考えないで、中に入って意味を見つけようということだ。

かつて、雑誌『宣伝会議』（二〇〇四年四月号）から原稿執筆の依頼を受けた。課題は「言葉の発想術」というもので、人々の心に響く言葉をどう発想するのかというものである。正直言って、チチンプイと十字を切れば、たちどころに魅力的な言葉が出て来るわけはない。そのようなノウハウは誰も持ち合わせていないのだ。「何を書けばいい」のか、迷うところである。

課題は決まっている。内容である。筆者の頭の中には漠然と、あのアランの「語の真の力は、かくてその占める位置と他の語との結合から生じる」（『芸術論集』）という言葉があった。しかしそれは、筆者の構想のカオスの中にあって、自分自身の言葉につながってはいない。思考し逡巡し、適切な言葉の探索を続ける。「言葉は他の言葉とつながりあって輝く。文章の筋の中に隠れているのだ。言葉の発想に特別なマジックも発明もない。よい文章を書くという地味な努力の中で実現するのだ」。こう考えても、まだ書くべき全体が見えてこない。ひたすら言葉を求めた。そして、隠れているとは〝眠っている〟ことだという考えに行き着いた。

〝眠っている〟。この言葉が発火点になった。どこに眠っているのか。筋の中、つまり文脈の中に眠っているのだ。視界が広がった。一気に書くべき内容の構造がイメージできた。タイトルは、見つけた言葉をそのまま使った。「言葉は文脈の中に眠っている」。それを掘り起こすのは書き手一人一人の地道な努力だ。その努力の方法として四つのノウハウを示して原稿を書き上げた。

先に、テーマだ、話題だ、などと言っていないでと述べたが、ここで言いたかったことは、文章を書くために必要な順序や技法に囚われないで考えてほしいということだ。文章の技法を説いている筆者がこういうことを言うのはおかしいが、文章というものは、そう杓子定規なものではない。考えて考えてカオスの中から、ある時突然アイデアが生まれてくる。それが言葉となって立ち現れるのだ。まことに頭脳内操作そのものである。

言葉が見つかると、その背後に肥沃で広大な文章世界が広がっている。言葉を探すことは、近道でもあり、当を得た方法でもあるのである。

2　つながりをつける

再びＪ・Ｗ・ヤングであるが、彼は同じ著書の中で「アイデアとは既存の要素の新しい組み合わせ以外の何ものでもない」「既存の要素を新しい一つの組み合わせに導く才能は、事物の関連性を見つけ出す才能に依存するところが大きい」と述べている。

事物の関連性を見つけて異なるものを一つにしたアイデアの例は枚挙にいとまがない。例えば、自転車にエンジンを取り付けようとして、湯たんぽを試作車の燃料タンクにしたホンダの創業者・本田宗一郎。サッカーボールが空気でふくれていることを知って、固いゴムが巻き付けてあるだけのタイヤに空気を入れて、柔らかくて丈夫なものにしたダンロップ。フィルムのパッケージにレンズを付けて「写ルンです」を開発した富士フイルム。牛肉の解体作業から自動車の流れ作業を思いついたフォード。積み上げて貯蔵する薪から立体駐車場を考えたウィリアム・ゴードンなど、挙げていけばキリがない。

これについては先に取り上げた谷川徹三も、あの『哲学案内』で、「考えるということにはもう一つのはたらきがある。それはつながりをつけるということであります」と言い、「独創的な考えとは、今までまったく縁もゆかりも無いものと思われていたものにつながりをつけること」であると述べている。

この〝つながり〟をつけるというのは、広告のキャッチフレーズの場合、異質な組み合わせで受け手の意表をつきたいという気持ちがあるだけに、有効である。古いところでは、「お口の中は南極です（ロッテ・クールミントガム）」、南国沖縄への観光誘致「トースト娘ができあがる（全日本空輸）」、「おいしい生活（西武百貨店）」「ドレミはイロハと同じです（日本楽器製造）」などなどである。

広告の場合は言葉だけではなくビジュアルで、例えば新潟の酒・菊水は、夏のかき氷ののれんに氷の書体に似せた菊水という文字をあしらった冷酒のポスターを作っている。またテレビ・コマーシャルでは、富士フイルムの年末年始のCMで、七福神とサンタクロースを鉢合わせさせたものなどがある。

文章そのものの発想のヒントになるものとしては、朝日新聞の「天声人語」や日本経済新聞の「春秋」など各紙の朝刊一面コラムがある。異質な話を二つ三つ上手に組み合わせて、予想もしないオチにもっていく傑作が多い。ここでは、日本経済新聞の「春秋」から一例を引いてみたい。

季節の光景から人間の無意識の領域へと話題を広げる奥の深い内容だが、どのような「言葉の発見」と意表を突く「つながり」が隠されているのだろうか。

春めいた陽気で心が緩むのだろうか。駅や道端で、独り言を語る人をよく見かける。ブツブツ呟《つぶや》きながら思案する人がいる。表情豊かに持論を説く人がいる。さて困るのは、〝独白人〟を前に自分がどう振る舞えばよいのかが分からない。

▼周りの反応を観察すると、横目で声の主をチラリと確認するところまでは同じ。その後の対応はいろいろだ。一番多いのが「聞こえないふり」だろう。この季節、自分も約束時間に遅れて電車内で「しまった」などと口走ることが多い。無視して頂いて結構なのだが、中には迷惑そうにスッと離れていく人もいる。

▼発達心理学によると、言語には「外言」と「内言」がある。他者との意思疎通が目的の発言や文章と異なり、無意識のうちに脳内に現れる言葉がある。この内言が外側に漏れ出るのが独り言だ。玩具で一人遊びする幼児の口からは、自ら紡いだ楽しい物語が聞こえる。脳の扉は大人になるにつれて閉ざされていく。

▼扉が閉まるのは、己を守る生命の自然な営みに違いない。無数の外敵に囲まれる現代社会は、脳内をさらけ出して生きられるほど平和な世界ではない。だとすれば、立春の束《つか》の間に扉を開放する〝独白人〟とは、無防備にも敵の存在を忘れた優しい心の持ち主であろう。幸福そうな独り言ならば微笑《ほほえ》み返すのもよい。

〔『日本経済新聞』二〇〇七年二月五日朝刊〕

春の陽気に誘われた独り言を、愛情をもって見つめる書き手の優しさに心打たれながら、まず「言葉を見つける」という観点から目につく言葉は、文中にもある〝独白人〟だろう。でもそれだけだろうか。知らんぷり、外言、内言、防衛本能。なんだか色々ありそうである。さらに深く考えると、独り言と発達心理学、そしてより広く現代社会を結びつけたという意味で、ヤングのもう一つの発想法「つながりをつける」ということにも結びついてくる。

また、全体の構成もしっかりしていて、次章で取り上げる起承転結のみごとな実例にもなっている（113頁参照）。

3　トンチと水平思考

本章第1節の2で、トンチを取り上げ、〝意表をつく知恵＝アイデア〟がいつでもどこでもトッサに出てくればいいが、それはなかなか難しいと言った。これを生まれつきの頭の良さだと割り切ってしまわないで、何かコツはないものかと考えるのである。

そこで思いつくのが英国の心理学者エドワード・デボノの水平思考（lateral thinking）である。水平思考を分かりやすく説明すると、従来からの論理的垂直的思考から離れて、常識にとらわれない〝視線を横へずらした思考〟、縦に、垂直に物を考えない、横に、水平に考えるという頭の働かせ方である。

この考え方はトンチそのもので「襖の虎が縛れるはずがない」と垂直的に考えないで、常識にとらわれず横に水平的に考え「追い出してくれれば縛ります」と答える。水平思考という頭脳内操作を経て問題解決（発想）をするということだ。

公園は、恋人たちにはデートの場所。警官には警邏の場所。読書家には図書室。哲学者には思索の場。失業者には時間つぶしの場。ジョガーにはジョギング・ロード。愛犬家には散歩道。そして公園の職員には仕事場である。用途・目的によって見方が違う。人々は普段の生活の中でも、同一のものを違う見方をして暮らしているのだ。何事でも、「ちょっと待てよ」と斜めにすかし、裏から考え、横にずらす。そういう頭脳内操作を意識的に行うことで、トンチ＝水平思考は可能である。

■発想の演習

「言葉を見つける」の実習

第3節の1「言葉を見つける」を演習してみよう。

話題としては第1章の休日の出来事や自画像・風景（光景）などを念頭におくとよい。前掲の日本経済新聞のコラム「春秋」も良い参考になるだろう。

第4章

構想と構成

何かを書くとして、いきなりペンをとって、無計画に書き始める人はいない。何をどう書くのか、まずは全体像を考えるところからスタートするはずだ。構想である。ではこの構想、ただ漠然と全体の輪郭を考えるものなのか。それとも、筋のようなものを夢想していれば目的がかなうのか。今ひとつ摑みどころがない。

構想とはいったいどう進めていくものなのか。まず何を考えるのか。次にどうするのか。具体的なステップを知りたい。そこでこの章では、構想の概念から始めて、その現実的な方法を提案、続いて例文を提示して、分かりやすく解説する。また、構想と切り離すことのできない構成についても言及する。

構想と構成。構想は文章の頭脳であり、構成は文章の骨組みである。頭脳と骨組みは分かれているものではない。つながりあい、混じりあっている。この両者を一体として考えていく。

第1節　構想の実際

1　構想という概念

発想が問題意識という土壌に生まれた芽だとすれば、構想はそれから育った若木であり、文章という大きな樹木の幹となるものだ。また、発想が点だとすると構想は面、あるいは立方体というイメージでもある。いずれにせよ、構想とは、執筆に先立ち〝何を・どう・誰に〟書くのかを総合的・包括的に考える作業である。

構想を『明鏡国語辞典』で見てみると「これから行おうとする物事について全体の内容や実現方法を考え、その骨子をまとめること。また、その考え」とある。建築・絵画・陶芸・広告・イベント・ファッションなど、およそ企画・計画のあるところには、すべて構想がある。これを文章に当てはめてみると、ときどき新聞広告などで見かける「構想十年、著者畢生の大作！」といった大河小説から、原稿用紙二～三枚の小品まで、およそ文章と名のつくものを書こうとする場合、すべからく構想という作業が必要だということである。

文章の構想を具体的に行うというのは、

①何を書くのか（内容：目的、主張など）。

②どう書くのか（表現：話の筋、文体、修辞など）。
③誰に書くのか（対象：読み手）。

を総合的・包括的に考えることで、これは誰でも意識する・しないにかかわらずごく自然に行っていることである。これらは順序に従って行われるわけではなく、行きつ戻りつ、相前後しながら考えられる。だが、いずれにせよ、この内容・表現・対象を総合的に考えることが、「文章を構想する」ことである。この三つは文章を書くときに欠かせない原則ともいうべきもので、その点から「文章の三原則」とも呼んでいる。「何を書くのか」という思考の中には、その文章の核ともなるコンセプト、「どう書くのか」という表現には、話の進展を設計するアウトラインが入ってくる。

文章の三原則とコンセプト、アウトライン。これらを総合的・包括的に考えることを「構想する」あるいは「構想を練る」というのである。これらについて詳しく述べたのち、実例を挙げて説明する。

2　文章の三原則

〈(1)何を書くのか〉

人が文章を書こうとするとき、最初に考えるのは「何を書くのか」ということである。書くべき〝課題〟が与えられている場合でも、その課題の範囲の中で、自分が取り上げる〝話題〟を決めなくてはならない。第1章でいうなら、自画像という〝課題〟に対して、書き手は「月光」という〝話題〟を選んだ。他にも自分を見つめるのに相応しい材料をもっていたはずだが、いろいろ考えた末、あの話題を選んだのだと思う。

このように、与えられた課題の範囲の中で書くべき〝話題〟を絞り込むことを、「課題の範囲を限定する」というが、これは取りも直さず「何を書くのか」を考えることでもある。もちろん、課題そのものから自分で考える場合もあるわけで、これは課題が与えられている以上に「何を書くのか」を広く深く考えなくてはならない。いずれにせよ、文章を書くときは誰でも、「何を書くのか」、その内容を先ず考えることになる。

〝話題〟を決めるとき、書くべき材料をそろえなくてはならない。何も知らないと何も書けない。調査し、取材し、研究し、参考文献にも広く当たって、より多くの資料を用意して、初めて書くべき態勢が整うというものである。

話題が決まったら、それを通して自分は何を読み手に伝えるのか、あるいは主張したいのか、〝何を言うのか〟を考えることになる。それは自分の文章が発信する読み手へのメッセージであり、〝主題〟である。さらにそれらの根っこには、自分が訴えたい基本概念、つまりその文章の核とも言うべきコンセプトがある。

《②どう書くのか》

「何を書くのか」に続いて考えるのは「どう書くのか」である。ひと口でいうと表現だが、これの範囲は広い。

最初に考えるのは、伝え方の方法で、二つのことを考えなくてはならない。一つ目はアプローチの仕方。切り口とでも言おうか、内容を取り上げる角度を決めることである。次にどういうストーリーにするか。これは筋の運び、話の進行だから、当然、文章の構成とかかわってくる。アウトラインをしっかり作って、無駄のないプロットを立てなくてはならない。一つの文章が進行していくとき、その中にある幾つかのトピックをどういう順序でつないでいくかという、話の配置である。この順序が前後したり、重複したりしないように設計することが大切になる。

以上のことを第1章で取り上げた「黒いキリン」で見てみよう。課題は「風景を書く」というものので、ご存じのように、単なる風景のあるがままを写すのではなく、対象と書き手自身との対話、つまり、風景が書き手に語りかけてくるものを書くことである。ここでは、自分のオフィスの窓から見えるタワークレーンを、キリンに見立てて描いている。

書き手が見ている品川の海岸側は、埋め立てられた広大な土地に次々に新しいビルが建てられつつある地域で、黒いクレーンもそうしたビル建設現場にある一つだろう。そびえ立つタワークレーン。あれは確かに、見方によっては孤立していて寂しげに見える機械である。それをキリンに見立てることで、写生は成功している。この切り口に続いて黒いキリンとは何ものかという説明から、彼が置かれている状況を順序正しい筋の進展で明らかにして、キリンの〝静〟に対する飛行機という〝動〟の導入によって、キリンの孤独を書き手自らが感じとり、課題の要求を満足させているのである。

筋の進展と共に、書き出しもまた表現の重要な要素である。キリンの書き出しの優れている点は、最初の二行で読み手を奇異に思わせてはいるが、しかし直ぐさま、その正体を明らかにしている点にある。人によっては、最後までそれを明らかにしないことが、文章のテクニックだと思い込んでいる向きもあるが、それは大変な誤解で、読み手に早く文章の目的や内容（何を語る文章なのか）を知らせることこそ〝達意の文〟と言えるのである。これを重点先行文というが、その詳細は後の章にゆずるとして、ここでは書き出しもまた、表現で考えるべき大切な要件だと言っておこう。

その他、「どう書くのか」については、文体、すなわち書き手が意図的に使おうとする文章のスタイル、そして敬体（です、ます体）と常体（だ、である体）の使い分け、段落の配置、句読点の使い方、文章作成上の言葉の生かし方ともいうべき修辞（レトリック）など、心を配る範囲は広く深い。

《③誰に書くのか》

すでに述べてきた二項目は文章作成で無視できない重要事項で、人々はそれを十分に承知していて、常に神経をそそぐところである。ところが、これから述べる「誰に書くのか」は、ともすれば忘れがちになる項目だ。

人間は文章を書くとき、どうしても上手に書きたいと考えるあまり、つい、読み手のことを忘れてしまう。自分が納得できる言葉、自分が満足できる言い回しに神経を遣い、客観的には不必要だと思われる部分にこだわったり、必要だと思われるところを削ったりすることもある。何よりも自分の表現に、自身がまず「上手く書けた」と悦に入りたい。そういう素朴な、そしてあまりにも人間的な気持ちが、つい読み手のことを忘れさせてしまうのだ。

それだけに、この「誰に書くのか」を考えることは、ことのほか重要である。その読み手には〝知っている他人〟と〝知らない他人〟がある。知っている他人とは、親・兄弟・夫婦・友人・恋人・上司・同僚・教師など、要するに〝見知っている他人〟である。知らない他人というのは、それとは対照的な〝見知らぬ他人〟、道ですれ違う他人から存在すら確認していない他者である。

知っている他人であっても、その文章の内容・話題について、事情を知っている人と知らない人がいる。友達は事情を知っているが両親は全然知らないという例は、それほど珍しいことではない。知らない他人の場合は不特定多数の他人と、特定の個人というのがある。一度も会ったことのない人に、文書を送るケースもまた、よくあることである。

以上を図示してみることにしよう。

〈読み手の人々〉

- 誰に書くのか
  - 知っている他人
    - 事情を知っている知人
    - 事情を知らない知人
  - 知らない他人
    - 不特定多数の他人
    - 特定の他人

第2章の「月光」も「黒いキリン」も、教室や講座で出された課題に応えたもので、書き手にとって読み手は講師であり、知っている他人である。この読み手は、課題の趣旨はよく知っているが、書かれた文章の内容については、それを読むまで全く知らない。その意味では、書き手にとっては〝事情を知らない知人〟ということになる。

以上を考えると、あの二つの文章は必要なことを的確に伝え、不必要な記述を排した、〝過不足のない〟優れた文章ということができる。読み手からすると、わかりやすい〝必要にして十分な表現〟だということになる。

3　コンセプト

文章の三原則、即ち、書く前に、何を・どう・誰に伝えるかを考えることこそ、「構想すること」そのものなのだと言った。三原則は、順序通り考えなくてはならない、といったものではない。三つが相前後して自由に有機的に絡み合いながら進行すればよい。書くべき世界全体を、上から見渡す俯瞰という感覚で、順序にとらわれず自在に行きつ戻りつ考えればいいのである。

「何を書くのか」の根っこには一つの思考がある。核になるものといってもよい。何を書くのかを考え始めたときから、思考の根っこにあって揺るがないもの。コンセプトだ。普通コンセプトというと、概念、観念、考えなどと訳される。ここでは、「その文章の根幹となる考え方」だと規定しておきたい。

コンセプトは哲学や文章だけに用いられる言葉ではない。われわれの日常生活のあらゆる場面で用いられている。イベント、ファッション、パーティ、広告表現、建築、公園設計、昨今では合コンにだって、運動会にだって使われている。およそ、企画・計画のあるところ、どこにでもコンセプトはある。文章では、すでに言った根幹となる考え方であるが、同時に、何を言うのかを規定するものであり、目標・目的を指し示す言葉であると理解してほしい。

では、構想を練るためには、最初にコンセプトが必要なのか、というと、必ずしもそうではない。最初にコンセプトが決まっていて、構想がスタートできれば、それに越したことはないが、しかし大抵の場合、そういうわけにはいかない。行きつ戻りつの思考の中で、いわば脳内がカオスの状態で、書くべきものの糸口が見つかるのが普通だから、コンセプトが真っ先に見つかるとはかぎらない。極端な場合、全て書き終わった後で、「これがそうだったのだ」といった形でコンセプトが発見されることもある。

いずれにせよ、話題・主題の根っこにコンセプトが必要なのは確かである。

4　アウトライン

コンセプトが決まったら次にアウトラインを考える。何を書くのかが決まったら、どう書くのかを考えるということだ。

アウトラインというのは、話をどういうストーリーで進めていくのかを設計する〝粗筋〟である。書くべき内容をどのような順序で配置していくのか、その概略を設定することである。

アウトラインに定められた形式はない。例えばＡ４の無地の紙に一本の線を引き、等間隔に節目を入れ、その節目ごとにトピックを記入していくという方法がある。あるいは、思いつくままのメモを二〜三行ずつ書いて塊を作り、それらを線で結んでストーリーとして組み立てていくやり方もある。書き手だけに通じればいいきわめて私的なもので、他人に見せるものではないから形にこだわらず好き勝手につくればいいのである。

アウトラインを作った場合、その粗筋通りに文章を書き進めなくてはならないというものではない。書いていくうちにトピックの順序が変わったり、新しい話を加えることになったり、削る箇所ができたりした場合は、それらを優先すればよい。アウトラインはあくまで仮設（仮説ではない）の粗筋にすぎないのである。

そんなアバウトなものなら、わざわざ作る必要はないではないか、という意見があるかもしれない。しかし、それは違う。書きたいことを何の道しるべももたずに書いていっても文章にならない。話はあちこちに跳び、重複し、まとまりのつかないものになってしまう。第１章の「帰郷」のように、気がついたら〝平塚の海〟に行ってしまうのである。

こうしたことを避けるために、自分が書くべき内容の概略を文章にする方法がある。二〇枚ぐらいの少ないものなら必要ないが、八〇枚、一〇〇枚となると、あらかじめアウトラインにそって五枚程度の文章を書いておくとよい。これを〝主題文〟と呼んでいる。

なお〝表題（タイトル）〟は書き出す前に決まっていればいいが、書き上げたところで気が変わるというのもよくあることで、それなら後で考えればよい。普通は、先に仮表題をつけておいて、書き上げてから決定表題というのが多いようである。

第2節　構想の実例

1　書く前の作業

構想（何を・どう・誰に書くのか。コンセプト、アウトライン）の実例を見ることにしよう。次の文章は筆者の講座で、受講生が実際に書いたものである。課題は「意見文」で「新聞の中から自分の感性や知性を刺激した記事を選び、それについての意見を書く」というものである。

書き手はまず数日間の新聞を読み、〝何を書くのか〟を考えるところから、作業を始めることになる。この場合は書くべきモチーフとなる新聞記事の選択と、その記事に対する自分の意見として何を書くのか、この二つを考えなくてはならない。

話題が決まったところで、論理の展開（ストーリー）、トピックの配置。これらのためのアウトラインの作成にかかる。意見文という性格上、論理的な文章でなくてはならない。その点を考えると常体（だ、である）の採用がふさわしいだろう。文章全体の構成（例文は導入・展開・終結の三段階法）や文章のスタイルともいうべき文体など、「どう書くのか（表現）」について考える。

つづいて「誰に書くのか」であるが、この場合は出題者である講師ということになる。彼はどういう人物か。書き手にとっては、知っている他人であり、事情を知っている知人である。さらに、書き手の意見文を評価し、添削する人物である。

以上のことを相前後しながら考える、つまり構想を練って、次の「やるからには結果を」という意見文が書かれた。コンセプト、アウトラインは実例の後で取り上げるとして、まずこの意見文のモチーフとなった新聞記事から紹介する。

2　材料とした新聞記事と意見文

◆路上喫煙の罪〈二〇〇〇円〉。まずは減額。千代田区、10月から

路上での喫煙を罰則付きで禁止する条例を施行する東京都千代田区は12日、条例で最高2万円の過料とした罰則を当面は2千円にする、と発表した。周知期間が必要だとして「減額」する。施行後1カ月は違反しても指導や注意にとどめる。10月1日から施行する。

禁止される場所は、JR秋葉原駅や御茶ノ水駅、神田駅、有楽町駅、飯田橋駅などの周辺7カ所と靖国通りの計8地域。東京駅周辺は、「マナーが比較的よい」ため、適用地域にはしなかった。

区の職員ら16人が4人ずつの4チームを組んで、平日は午前8時から午後9時まで、土日、祝日は午前10時から午後5時まで巡回する。違反者には、その場で払ってもらうか、納入通知書を渡して後で金融機関で振り込んでもらう。

［『朝日新聞』二〇〇二年九月十三日朝刊］

以上の囲み記事を取り上げ、次のような意見文を書いた。

◆やるからには結果を

東京・千代田区では、三年前からタバコのポイ捨て禁止条例を施行している。しかしタバコに関する苦情が減らないため、新たに、罰則つきの路上喫煙禁止条例を制定した。

私はこの条例に賛成だ。過去に衣服を灰で汚されたことがあるし、風に乗ってやってくる匂いを不快に感じたこともあるからだ。が、賛成するのと同時に、条例がなければポイ捨てや路上喫煙はなくならないのかと、情けなくもなった。大の大人が、なぜマナーを守れないのかと不思議議である。そもそも、罰則によってマナーを浸透させることが正しいのかどうか疑問ではあるが、罰則がなければそれを守れないというのもまた、この国の現状のようだ。

二万円の罰金は、当面二千円に減額される。果たして二千円で効果があるのだろうか。スピード違反の罰金は一万五千円だが、違反者は後をたたない。タバコ八箱分。一回の飲み代にも満たない二千円という金額で違反者は懲りるのだろうか。その上、宣伝カーでの呼びかけやイベントなども実施した上で、一カ月の指導期間を設ける。条例の実施はその後だというのだから、もう少し強気に出てもよいのではないか。衣服を焦がされたり、火傷を負うほどの問題に対する迷惑料は二千円では済まないと思う。

禁止されている所を公表することにより、その区域内でのポイ捨てや路上喫煙は減少するだろう。しかし、それ以外の場所でも守られるようになるのだろうか。場所を公表せずに取り締まった方が、効果は表れるのではないか。加えて、「マナーが比較的良い」ため、東京駅周辺が適用地域にならなかったことも疑問に思う。「比較的良い」というだけでは完全だとは言えない。人件費など、コストの問題もあるだろうが、やるからには徹底してもらいたいものだ。

ポイ捨てや路上喫煙を罰するというのが目的ではなく、街の美化が目的なのだ。従って、罰金の額や取り締まりより住民や企業、その地域に係わる人々の意識が大切であるというのはよく理解できる。しかし、施行する以上はきちんと結果が出るようにしていただきたい。中途半端にしてほしくない。

最近では放置自転車対策やレジ袋税導入など、私たちに身近な条例が増えつつある。今までの「当たり前の生活」を見直す良い機会だと思う。この条例も一過性の話題づくりで終わらないことを期待するとともに、成功し、全国に広がることを心から願っている。

ポイ捨て禁止への意見だけでなく、それに付随する問題を具体的に取り上げながら、構造的にまとめている。なかなかよくできた意見文である。

3　アウトラインの作成

前掲の文章のアウトラインを作ってみよう（次頁の図）。これは、筆者の想像による跡付けで、書き手がこのようなアウトラインを作ったかどうかは定かではない。しかしまあ、およそこのようなものではないかと思われる。

4　文章の三則五題とコンセプト

次に、「やるからには結果を」の〝文章の三原則〟とそれに付随する文章の五題、即ち、課題・話題・主題・主題文・表題とコンセプトを加えて、構想の内容を具体的に分析しておきたい。

文章の五題については、すでに〝何を書くのか〟のところで、課題・話題・主題について述べ、〝アウトライン〟で主題文と表題に触れてきた。ここで補足的な説明を加えておく。

①課　題：課題は二つある。一つは出題者から出された問題。もう一つは、書き手自身が課題から発想する。

②話　題：出された課題に応えて話題を決める。

●「やるからには結果を」のアウトライン

- 東京・千代田区は罰則つき路上喫煙禁止条例を制定した。
- この条例に賛成。過去に不快な体験あり。
  - ・私は衣服を汚された
  - ・臭いも不快
  - ・罰則がなければ守れないのか
- 罰金20,000円を2,000円に減額した。
  それで効果があるのか？
  もう少し強気に出るべきだ。
  - ・スピード違反で罰金15,000円でも違反が多い
  - ・施行までに１カ月の猶予期間は甘い
- 禁止区域を公表しない方が効果的。
  東京駅付近は適用外というのも、おかしい。
  - ・目的は街の美化だから罰則より意識が大事と言うが……
- 施行する以上はきちんと結果を！
- 結論。この条例施行の成功を期待する。

③主　題：話題の展開を通して、書き手が主張しようとするもの。
④主題文：その文章で何を言うのか、その概略を書き手が自分のために書く、短い方針文。
⑤表　題：題名。タイトル。普通は書く前は仮タイトルとし、書き上げた後で本題をつける。

この五つを〝文章の五題〟と呼び、文章の三原則と合わせて、筆者は「文章の三則五題」と呼んでいる。

これを「やるからには結果を」に当てはめると、次のようになる。

◆「やるからには結果を」の三則五題とコンセプト

●文章の三原則

《何を書くのか》　路上喫煙禁止条例に賛成だが、施行内容に意見あり。

《どう書くのか》　マナー厳守という観点から、条例の施行内容に反論的意見を書く。三段階法、常体、短文で書く。

《誰に書くのか》　新聞の読者。その他この問題に関心をもつ不特定多数の人々。

●文章の五題

《課題》　自らの知性や感性を刺激した新聞記事への意見を述べよ。

《話題》　東京・千代田区の罰則つき路上喫煙禁止条例への賛成と、施行内容への反論的意見。

《主題》　条例を施行するからには毅然たる態度を取るべきである。

《主題文》　罰則つき路上喫煙禁止条例実施について、当初二万円の罰金を二千円でスタートし、かつ、区域によって適用外の所もあるという。やるからには毅然たる態度で徹底的にやるべきである。

《表題》　やるからには結果を
●コンセプト　強気

第3節　構成法

1　日本文の構成法

構想と構成は不即不離の関係にあるが、あえて分けて考えると、構想の次にくるのが構成である。ストーリーの展開、トピックの配置、クライマックスの位置など、アウトラインを構造的に組み立てるのが構成である。

日本の文章における代表的な構成法は、四段階法の「起承転結」と三段階法の「序論・本論・結論」の二つである。前者はどちらかというと、随筆・コラム・その他の感想文などの文芸散文。後者は論文・レポート・その他の論理的文章といわれる知的散文に多い。もちろんその逆もあるが、いずれにせよ内容が先にあって、それに従って必然的に構成が決まるというものである。もっとも、形を知っていると構想の段階で構成を考えるということになり、いわゆる〝形から入る〟という近道もあるわけだ。この二つについて見てみることにしよう。

2　起承転結の実際

起承転結のルーツは漢詩の形成法「絶句」であるが、我が国においては一般に、散文や四コマ漫画の構成法として親しまれている。

文章の場合、起で話が始まり、承でそれを受けて話を発展させ、転で転調、全く異なった話題が入って、結ですべてが一つにまとまって話が終わる。例文としてよく用いられるものに、真偽のほどは確かではないが、江戸時代の儒学者・頼山陽作の俗謡として伝えられている次のものがある。

起…　京で一番　紅屋の娘
承…　姉は十六　妹十四
転…　諸国大名　弓矢で殺す
結…　紅屋の娘は　目で殺す

伝承によっては、京の五条というのもあれば、姉妹の年齢が二歳ほど上だというのもあって、筆者も確かなところを知らない。しかしまあ、本来の趣旨を違えるというものでもないので、大目に見ていただくとして、漢詩を引っ張ってくるよりは、この例の方が起承転結を親しみやすく教えてくれるように思えるのである。

この構成法は三段階目がポイントで、ここでそれまでの流れを断ち切って転調することで、文章全体に厚味というか構造的な印象をもたせ、奥深さを与えることができる。従ってこれを用いた文章は多いわけだが、それがまた、ごく自然に形づくられたように見えて、何とも言えないふくらみを感じることもしばしばである。

起承転結も既に言ったように内容が先にあって自然とこの形になるものだが、構想の段階でA４ならA４のペーパーを横に四分割して線を引き、起・承・転・結の欄を作ってそれぞれに書き込むという方法でアウトラインを作ると、比較的簡単に起承転結文を作ることができる。長文の場合は、四つにそれぞれ一枚を当てるとよい。

長文といえば、三島由紀夫の小説・『豊饒の海』の四部作は、最初の『春の雪』が起、次の『奔馬』が承、続く『暁の寺』が転、最後の『天人五衰』が結という形で、実に長大な起承転結になっている。

第3章の第3節で取り上げた新聞コラム「春秋」（89頁）は、書き出しの第一段落が独り言で話を始める〝起〟。第二段落（▼印）がそれを受ける〝承〟。第三段落（▼）でそれまでとは異なる発達心理学へと転調し、最後は全てを統合する〝結〟という形である。

四段階法は、起承転結にこだわらず形だけを活用すると、知的散文の構成に生かすことができる。企画・戦略提案（プレゼンテーション）の場合、「提理具成」というのがある。

例えば、提案…A地区に特別販促チームの投入。
理由…競合B社の特殊作戦の撃破。
具体案…女子販促部員の三人編成チームを複数編成。
成果…想定外の女子チームによる成功の予想。

という方法だ。

また、問題提起・理由の実証・解決案・予想される成果という、これは意見文、小論文などで活用できる「問実解結」という方法もある。

例えば、問題提起…オフィス内空気汚染の進展に対する意見。
実証…旧態依然たる室内レイアウトによる分煙の不徹底。
解決案…X社のオフィスリニューアル・システムの導入。
結果…室内清浄化と作業能率の向上。

いずれも起承転結をヒントにした四段階法の活用だが、他にも異なった内容で、色々考えられるだろう。これらの場合は先に述べたペーパー四分割のアウトライン作成が必要である。

3　序論・本論・結論の実際

三段階法、特に序論・本論・結論は論文・レポート・評論・意見文・提案文など、論理的文章の標準的な構成法である。その中心にあるのが論文である。

論文は自分で問題を作って自分で調査・研究・思考し、自分で答えを出すという文章である。もう少し詳しく言うと、研究者自身が問題提起あるいは仮説を立て、それについて調査研究をして知見を得、その結果としての成果を文章にまとめて発表するものである。この問題提起あるいは仮説が序論となり、知見が本論となって、成果が結論になる。

つまり、研究のプロセス（内容）がそのまま三段階法に当てはまって形ができたというわけだ。ここでもやはり、まず内容ありきなのである。論文の形を図示してみよう。

《論文の形》

●問題	――	●調査・研究	――	●解答
＝		＝		＝
○問題提起・仮説	――	○知見	――	○成果
＝		＝		＝
★序論	――	★本論	――	★結論

形が先にあるわけではなく、研究内容に従って論文を書くと、必然的に右の形になるわけだが、この構成法は実に多くのカテゴリーの文章に当てはまる幅の広さをもっている。例えば次のような

構成である。

（１）意見文における序論・本論・結論

研究論文というわけではないが、問題提起や仮説を立てて議論を展開する論理的文章は、序論・本論・結論の形式に準拠する。

本章で取り上げた〈やるからには結果を〉は、序論で路上喫煙禁止条例に賛意を表しながらも、「大の大人が、なぜマナーを守れないのか」と問題を提起している。本論に入って、幾つかの事例を挙げてこの条例の実施についての当局の〝及び腰〟な姿勢を責めながらも、結果の出ることを希望し、結論ではこの条例の成功と、これが全国規模に広がればよいとの期待を寄せている。

（２）導入・展開・結末という方法

序論・本論・結論の三段階法は、普通の散文でも広く行われている。導入・展開・結末という方法だ。まず始めに話を導入する。次にその話が一定の筋をもって進展し、結末を迎えるのである。一般的に小説や随筆、コラムなどにこの形式が多い。起承転結のようにペーパーを四分割する必要もなく、線一本のアウトラインで自然にプロットを立てることができ、簡便である。

例えば、第１章で取り上げた「幸せなアルバイト」は、ケーキ屋さんでアルバイトを始めた話を導入とし、展開部でこのお店に採用されて良かった点を二つ上げ、結末で長く続けたいと将来への希望を述べている。

（3）発端・経過・終結という形

事の起こりを知らせるところから、この形は始まる。事件や出来事など、新聞・雑誌のニュースの多くはこの構成である。本書で言えば第1章の「漂うあきビン」は、文字どおりの出来事であり、ニュースである。

発端は電車内でジュースのあきビンが転がり始めたこと。経過はそれが車内をあちこちへ行きつ戻りつして、五十代とみられる女性に拾われ、ビンが持ち去られたあと、車内の空気が和やかになって終結する。

三段階法の活用は他にも、「正・反・合」、ある意見（正）に対する反論（反）を述べながら、より高い次元での合意（合）を実現する議論という構成もある。例えば、「大学へ進学したくない」という考えに対して「いや行くべきだ」という反論。では、すぐ結論を出さずに、「一年浪人することにしよう」というような意見で合意するといったようなことである。

また昔ながらの序破急（能楽からの借用）、急の部分で話題を急激に展開する起承転結の転と結を合体させた構成法などがある。

4　段落

段落は「これで、ひと段落」などと言って、物事のひと区切りという意味があるが、文章を綴っていく立場からすると、それは構成の最小単位であるということができる。文章は段落を積み重ねて書き手の意思を伝えていくものであるから、まことに重要な構成要素である。段落を設けることを「改行する」と言い、一行がいっぱいになって次の行にいくことを改行とは言わない。

『明鏡国語辞典』によれば、段落とは「長い文章を意味のまとまりなどによって分けた一区切り。また、形式的に文頭を一字下げて書き始める一区切り」とある。前者は意味の上での一区切りであり、これを「意味段落」という。後者は形式上の改行で「形式段落」と呼んでいる。

意味段落は主に論文・レポート、その他の知的散文、形式段落は小説・随筆などの文芸散文に見られる傾向である。本書の例文の中では第1章の「幸せなアルバイト」は意味段落であり、同じく第1章で取り上げ本章でも話題にした「黒いキリン」は、形式段落だと言えるだろう。

段落を設ける時は、縦書きの場合は一字下げ、横書きの時は一字右に寄せるのが普通である。ただし、一字を空けないで改行だけで済ませる場合もある。特に広告の文章（ボディコピー）は一字空けを行わない場合が多い。

段落は伝達を明快にするために重要であると同時に、原稿の見た目の美しさを保つためにも大切だ。段落が一つもない、文字がギッシリ詰まった原稿は、読み手を疲れさせ達意性を損なうだけである。

■構想と構成の演習

例文を読んで構想と構成を体験する

構想と構成を体験するには、実際の執筆を通して行うしか方法がない。ここでそれを求めることは不可能なので、「やるからには結果を」と同じように、すでにある例文を材料に構想と構成の実際を逆算してみる。次の文章は「私の好きな時間」という課題に応えて書かれたものである。この例文の、文章の三則五題、コンセプト、アウトラインを推測してみよう。

◆あまい王国

時々、旅をする。それは素晴らしく甘い、とろけそうな旅だ。行き先はデパートのお菓子売り場。大抵、地下一階にあるその王国を訪ねるとき、私は一度目をつぶる。秘密のトンネルをくぐるようにエスカレーターに揺られながら、ゆっくりと目を開けば、そこには美しい王国が広がっているのだ。

整然と箱に収められた寡黙なチョコレートたちは、この王国の街道の敷石である。ミルクとビターとホワイトと、少しずつ色味の違う様子を楽しみながら、こつりこつりと心躍るリズムを刻む道を、私は進んで行く。

つやつやと光る缶に入ったクッキーは、街道の両脇に建ち並ぶ家々の壁。焼き色がきれいで、噛めばカリッと口の中で砕けそうな練瓦たちを横目で見ながら、私はバターの芳醇な香りをも、はっきり思い出す。

突き当たりのゼリーの店は、この甘き王国の宝石店だ。ルビーのように、サファイアのように、光を溜めてきらきらとはしゃぐ。

その横のガラスケースには、ケーキが並べられている。フランス語で書かれた聞き慣れない菓子の名を口の中で呟けば、それらは耳に優しく、この世にはない王国の言語として私の心に響く。白い花のようなクリームを巡らせたショートケーキに載っている苺は、うっとりと頬を赤らめた新婦のようで、あまりに可憐ではないか。隣には、やはり目の醒めるほどに白いタキシードの、レアチーズケーキ。結婚式が行われているのだ。静かに流れる祝福の歌。しばし私は、その甘い空気に酔いしれる。

洋菓子を求めて、あれこれと迷いながらショーウインドウの中を見て回る。私にはそんな時間がいつも、ひどくいとおしい。帰り際、上りのエスカレーターで目をつむりながら思う。また旅に来よう。私の、とろけるように甘い、秘密のこの王国へ。

第5章

文章表現の技法

第1章でも述べたように、文章の目的は「自分の考えを読み手に正しく伝える」ことである。大切なのは文章の達意性だ。達意性のある文章、つまり達意の文は、基本的な技法を知ることによって誰にでも書くことができる。生まれながらの才能に左右されるものではない。

本章ではまず、基本的な技法を示す前に文章の達意性を阻害する原因を取り上げ、それを排除する方法を示す。その上で、正確な伝達を保持する技法を提案する。

文章表現とは、「内なる思考を外面化」することで、当然、年齢や経験、文章的素養の影響を受けるものである。最終的には個人的な研鑽に俟たなくてはならないが、その前にまず達意の文の基本を知り、それを外形的な定法として身につける。そういう方法で伝わる文章を会得しようとするのが、本章の目的であり内容である。

第1節　達意の文を阻害するもの

1　お喋りは文章にならない

正確で整った文章を阻害するものは、たった一つしかない。これを犯さなければ、文章は誰にでも書ける。それは何か。〝お喋り〟するように書かないことである。

小学校や中学校で、「文章なんて簡単だよ、お話しするように書けばよい」と言われたことはないだろうか。「お話しができるのだから、それをそのまま文章にできるのでは……」「言文一致と言うじゃないですか」など、色々な言い方はあるが、要するに普段のお喋りをそのまま移しさえすれば文章になるから、文章を難しく考えないようにと教えられた人がいるはずである。

しかしこの教えは間違っている。人間のお喋りは、伝えたいことをほぼ頭に浮かんだ順序に従って、言葉にしていく。その過程で、考えたり言いよどんだり、同じことを繰り返したり、順序を前後させたり、聞き手の質問や合いの手で、話が横道にそれたり、要するに整った発信という形態をとらない。これをそのまま文章にできるはずがないのだ。でもそういう文章には時々お目にかかる。第1章の例文「帰郷」などは典型的なものだが、次の、これも学生が書いた「癒される風景」もその一例である。

◆癒される風景

私は毎日と言っていいほど大学に車で通っている。もう車にも慣れてしまい前までは、渋滞でも車を運転していることが楽しかったので全然苦ではなかったが今では毎日同じ道を通るので慣れてしまいいつもきまって同じ場所が渋滞しているので、もう運転はマジでうんざりだと思うかもしれないがそうでもない。なぜならいつもきまって渋滞している場所から見える富士山がとても大きく、めっちゃ綺麗に見えまだ雪も残っているのでいつも感動しながら富士山を見ているから全然飽きない。家が横浜なので富士山は見れないこともないが、小さくしか見れないのでいまいち感動しない。しかし、雨の日や風の日は、いくら近くに大きく見えるとはいえ曇っていると全然見れないので、渋滞と見れないということで二倍のつらさがある。

〔本章の後半で改訂文を示す〕

これは文字どおり喋るように書かれた文章で、随所にその特徴が見受けられる。一つは、〝マジで〟〝めっちゃ〟〝いまいち〟などの俗語や、ら抜き言葉の〝見れない〟など、普段の喋り言葉がそのまま使われている点。もう一つは文章そのものが、友達と喋っているような文脈で書かれていることだ。

例えば、車の運転に慣れた今は（免許取りたての以前と違って）渋滞が苦になると言うのかと思って読んでいくと、その反対の結論である。このように、否定的な話を結論で再度否定して肯定文にする〝二重否定〟は、会話の中ではよくあることだが文章にすると形にならない。富士山や渋滞といった言葉が重複して幾度も出てきたり、横浜の自宅から見える富士との比較が思い出したように後からくるのも、お喋りそのもののスタイルである。頭に浮かんできた順序にしたがって書きつらね、文章として組み立てることを全く考えていない悪文である。

以上を見ると、お喋り文章には〝使う言葉〟と〝乱れた文脈〟の二種類があるということが分かる。その詳細を見てみよう。

2　お喋り言葉を使う文章

お喋り言葉の第一は、普通の会話でよく出てくるもので、例えば、「こっちから。してません。ちょくちょく。○○したいんだ。やっぱり。○○したら。あと」などで、文章の言葉として使う場合は「こちらから。していません。しばしば。○○したいのだ。やはり。○○すると。ほかに」というようになる。

次にいわゆる若者言葉といわれる俗語。例えば、「マジで。いまいち。めっちゃ。ハマる。切れる。てんぱる。頭が真っ白になる。目が点になる。びびる。うざい。だるい。きもい。やばい。やっぱ」などである。

「食べれない。見れる。起きれない」などの、ら抜き言葉も気になるお喋り言葉だ。

以上の中で最初に挙げた普段語は、コラムやエッセイ、その他の文章にはしばしば使われていて違和感はないが、論説・評論・レポートなどには馴染みにくい。若者言葉は広告文では訴求ターゲットに合わせる必要から使われることがあるが、普通は使用するべきではないだろう。最後の〝ら抜き言葉〟は、最近大人の会話の中でも盛んに用いられていて、今や容認された言語になった感がある。言葉は本質的には変化し、新しくなっていくものだということを了解するならば、この言葉はいずれ日本語の書き言葉として市民権を得ることになるのかもしれない。

これらのお喋り言葉は、文中での使用に注意し文章の目的に合わせての配慮があれば、不適切な使い方を避けることができるだろう。

問題は「喋るように書く」ということである。

3　喋るように書く文章

この〝喋るように書く〟という問題を乗り越えるのは、人間の思考と連動することなので、なかなか難しい。次のようなケースがそれにあたる。

①重複表現。いわゆる同語反復（トートロジー）

例えば、「僕は再び立ち上がれないほどの衝撃を受け、再び再起できないと思った」。「私は昨日、ハワイから日本に帰って帰国した」。「僕は行きたくないので、行こうと誘われたが、行きたくない意志を示して行かなかった」。

②長い書き出し

書き始めに文章の内容と無関係な状況説明を延々と書く人は意外に多い。例えば第1章の課題であった「電車の中の出来事」などで、出来事そのものより、電車に乗った目的から自宅を出た時間、駅への途中で知人に会ったことなどを書く人もいる。これは、書く前にその日の朝からの自分の気持ちや行動を頭の中で反芻し、それをそのまま、書いてしまうからである。

人間が考えるときは、もう一人の自分と言葉のやりとりをする形になる。つまり、喋るように考えるのだ。そして初心者は、考えたことを考えた順序通りに書いてしまうのである。

③文章の複線運行

文章とは不便なもので、同時に二つ以上のことを書くことはできない。一つの話が終わって次の話、それが終われば次の話というように順序に従って書いていかなくてはならない。当然、書き始めから最後までに一定の時間を必要とする。

読む方も、絵画や写真のように、一瞬にして全体を知るわけにはいかない。始めから終わりに向かって、書かれている順序に従って一字一句を丁寧に読み進めていくことになる。

これはどうしようもない物理的事実である。原則とかルールだとかいうものではない。他に方法がないのだ。鉄道に喩えれば、文章は単線運行、一つの行に異なる話を同時に書くことはできないのである。しかし、これを無視する人がいる。二つの話を一文で語ろうとする人、前後の話を一緒に書こうとする人などである。次に、例を挙げてみよう。

「学校帰りの電車の中は、朝の人が嘘のように空いていた」。これは「朝、学校へ行く時は電車が混んでいた」という文と、「しかし、下校時の電車は空いていて、朝の混雑が嘘のようだった」という二つの文を、単線化しようとしたケースである。

「現在の経費節減によるリストラや不況は、今までにないくらいまでに深刻さを増している消費の低迷である」。

この文章も上と同じような単線化を行っているが、他にも二つ問題点を抱えている。

第一は格の違う言葉を同格に扱うという誤りである。〝リストラ〟と〝不況〟はこの文中では結果と原因という関係であって並列するものではない。ここは、「リストラは不況による」となるべきである。

次に〝消費の低迷〟の位置に問題がある。実はこの言葉のあるべき位置はいささか曖昧で、〝リストラ〟と並列しても成立するし、文を二つに分けた後段に来て、前段の結論としての位置が収まりやすいということもできる。書き手でないとその真意が分かりにくい達意性に欠けた文章である。

以上のことを考慮に入れて、あるべき文章にしてみよう。

Ａ　現在の不況は、人件費節減によるリストラや消費の低迷などで、今までにないほど深刻である。

Ｂ　現在の不況は、人件費節減によるリストラで今までにないほど深刻である。これが消費低迷のもとになっている。

Ａ、Ｂを比較すると、Ｂ案の方が自然に読めるようである。

しかしいずれにせよ、すでに述べたように人は頭の中で独り言を言うように考えるので、その話をそのまま文章に移そうとして、複線化を犯してしまうのである。

④脱線や途中下車

話があちこちに飛び、本来のあるべき筋とは無関係な話になってしまう、いわば脱線状態を呈する文章。また、筋の進展の途中で他の話題にすり変わり、そのまま終わってしまう途中乗換えをするものなどがある。具体例としては第1章の「帰郷」を参照してほしい。

この他、話の前後が違う、同じ話題が二度三度と出てくる、といったものも、全て喋るように考えて、それをそのまま文章にするからである。

⑤連結の不首尾

鉄道に喩えると、運転席のある先頭車両と最後部の行き先が違うということになるだろうか。主語と述語が整合しない文章、いわゆる〝ねじれ文〟である。例えば、

「私の家は横浜市金沢区に住んでいます」という文がある。実際はこれほど短い文章で〝ねじれ〟が起こることは少ない。しかし分かりやすいようにこの長さで説明すると、ここでは、主語は〝私

の家〟で、述語は〝住んでいます〟だが、家が住むというのでは辻褄が合わない。主語が〝私は〟というのなら述語に整合する。主語が元のままなら、述語は〝あります〟となるべきだ。

こうした〝ねじれ文〟は、一文中に読点が多く、いつまでたっても句点の来ない〝長文〟で起こりやすい。つまり、数多くの車両を連結して走っている長い列車のようで、最後部に行き先の違う車両をつないでしまったというイメージである。こういう締まりのない長い文章のことを〝だらだら文〟と言っているが、初心者のねじれの原因になりやすい文章である。

これも喋っている状況なら、相手も無意識のうちに補ってくれ、さほどひっかからずに話が進むかもしれない。しかし文章になると、読み手を戸惑わせる訳のわからないものになりやすい。

⑥二つの車両間に別の車両を連結する

〝だらだら文〟や、それから来る〝ねじれ文〟が生じる要因は、日本文の特性にも求められる。日本文は欧文と異なり、文の骨格をなす主語と動詞が文の両端にあって、その間に目的語や補語が挟まるという文構造が一般的である。このため文の末尾までいかないと、主語と述語の意味的つながりが明確にならない。

例えば、「道子はレポートを書いた」という主語・目的語・動詞の順に並んでいる文がある。ここで、「レポート」を修飾する「学期末の」という言葉を加えても、「道子は学期末のレポートを書いた」となって不自然ではない。さらに、「道子は学期末の課題のレポートを書いた」としても、また「レポートを」の後に補語を加え、「道子は学期末の課題のレポートを締め切りより三日も早く書いた」としても、いささかの痛痒もない。ただし、こうして文が長くなるとともに、主語と動詞の意味関係が不明確な状態が長くなり、その間に文がねじれてしまう可能性が大きくなるのである。

一方、欧文では、「道子は・書いた・レポートを」というような主語・動詞・目的語（あるいは補語）という語順が一般的であり、冒頭の主語と動詞のところで「誰が何をした」という文の意味的骨格はほぼ固まる。このため日本文におけるような〟ねじれ文〟は生じにくいのである。

一つの文が幾つもの読点でつながれ、なかなか句点が来ない長文（だらだら文）はどうしても〟ねじれ文〟になったり、脱線したり複線運行したりしがちである。そのうち書いている本人も、何を書いているのか分からなくなってしまうのである。

第2節　喋るように書かない方法

1　喋るから書くへのギアチェンジ

日本文は先天的に長文の性質をもっている。さらに喋るように書いていくと、ますます達意性を失った文章になってしまう。思考から文章化へ、どのように切り替えればいいのだろうか。

人は考えるとき、実は頭の中で、もう一人の自分と喋っている。アレかコレかと、頭の中で独り言を言っているのだ。それをそのまま文章にするから、形にならない〟お喋り文章〟になってしまう。あるべき文章にするには、頭を〝書きモード〟にギア・チェンジしなくてはない。どういう方法があるのだろうか。

①一文一義で書く

一文一義についてはすでに第1章で述べている。「一つの文章には一つの話題」ということで、あれもこれも書かないよう例を挙げて説明した。

一文一義というのはつまるところ、論旨の一貫性を守ることである。一つの話に無関係な話題を混じりこませず、始まりから終わりまで、一本筋の通った文章にするための方法なのだ。同時に書き手の主張を明快に伝える、達意性を保持するためのものでもある。

原稿用紙四～五枚の短いものなら一文一義は簡単だが、二〇枚、三〇枚となると、当然盛り込まれる内容も複雑で、たった一つの話で終始するわけにはいかない。その場合は章・節・項などを立て、それぞれの枠内で一文一義を守っていく。

こうした場合、文章全体を支配しているテーマがあり、それの根にあるコンセプトが土台を支えているので、各章・節がそれぞれの話題を展開していても、総合的には一文一義が守れるのである。

②短文で書く

文章混線の原因となる〝だらだら文〟や〝ねじれ文〟の弊害から逃れるには、文章を短い文、〝短文〟で書くとよい。短文というと新聞雑誌のコラムや随時掲載される短い随想といったものを想像するが、そういう意味での〝短い文章〟ではない。

ここで言う〝短文〟とは、「一文中の読点が二つないし三つで句点に至る文」という意味での短文である。一つの句点でくくられる語句の連なりを〝文〟というが、この一文中の読点の数を必ず制限するという決意をもって文章を書き、上手くいかないときは幾度も書き直し、工夫を重ねて短文化に挑戦すれば、〝だらだら文〟になりようがない。従ってねじれも混線も脱線も起こらない。そればかりではない。テンポやリズムの良い、歯切れのある爽やかな文章が書けるのだ。

仮に次のような文章があったとする。「雨が静かに降り、庭がしっとりと濡れた。やがて雨が上がった庭は、いつになく美しかった」。これはもちろん短文で書かれているが、次の三つの基本型をベースにしている。

(1)　単文《「主語＋述語」》＝雨が（静かに）降る。

(2)　重文《「主語＋述語」＋「主語＋述語」》
＝雨が（静かに）降り、庭が（しっとり）ぬれる。

(3)　複文《(「主語＋述語」＋主語)＋述語》
＝（やがて）雨が上がった庭は、（いつになく）美しい。

文は主語と述語だけではなく、目的語や修飾語などの組み合わせで成り立っている。しかし骨格は主語と述語だ。ただ短文の全てが(1)の単文だけの繰り返しでは、文章はつながらず、ポキポキと骨折したかのようで無味乾燥、読めたものではない。そこで重文・複文などと組み合わせて、伝わりやすく爽やかな文章を綴るようにするのである。短文で書くと喋るような文章になりようがないことを、くどいと思いながらも、もう一度強調しておきたい。

③段落を活用する

段落は第4章ですでに取り上げているので詳しくは述べないが、第1章の「帰郷」にも、つい先ほどの「癒される風景」にも、共通して段落がないことは、きわめて象徴的なことである。

段落は、ひと仕事終わってホッと一段落、というのがその由来だと聞いたことがある。いずれにせよ、思考を区切るものであり、考えながら書き、書きながら考えてペンを進めていく執筆の基本的姿勢を教えるものである。

「帰郷」や「癒される風景」に段落がないのは、思いついたままを勢いにまかせて書きなぐった結果の表れだ。たとえアウトラインが用意されていたとしても、書きながら立ちどまり、書いたものを読み返し、丹念に緻密に書きつづけるために、段落は常に意識されなくてはならない重要な技法である。

段落には、意味段落と形式段落があることを憶えておきたい。知的散文は意味で区切る意味段落、文芸散文は、書き手の気持ちや文脈のリズムやテンポで区切る形式段落が主に使われている。段落は、お喋り文章にならない有力な技法であることを強調しておきたい。

④常体で書く

日本文には、〝だ・である〟の常体と、〝です・ます〟の敬体がある。新聞・雑誌・小説・論文・

レポート・ビジネス文などは、ほとんどが常体である。敬体の主なものは手紙だが、広告文はその性格上、です・ます体が基本である。小説に敬体があったり、広告文に常体が用いられることもあり、文章の種類によってこうあるべきだと決めつけられるものではない。

ただ一般的には常体が多く用いられていることを考えると、この文体の方が使い勝手が良いと言えるのではないだろうか。常体の方が敬体に比べると客観的な描写力にすぐれ、冷静な伝達を実現してくれそうな感想をもつのである。敬体は優しく丁寧な響きをもっているが、同時に情緒的で、私的ニュアンスが強い。そればかりではない。常体は文末の種類が多く、文章の変化がつけやすい。例えば「だ。である。いえる。思う。している。いえよう。いえない。思われる。申し上げたい。だった。だろう。だろうか」など、ちょっと思いつくだけでもこの数である。そこへいくと敬体は「です。ます。でしょう。でしょうか。ません。でした」程度しか思い浮かばない。この点でも常体の方が機能的だということができるだろう。

常体の強く断定的な面を活用しようとするのか、敬体で書きながら所々に常体を挿入して文章を引き締めたり、強調したりする例はしばしば見られることである。これは、文章に慣れた人が意図的に行うことについては異議を唱えないが、全くの初心者がこれに倣うのは反対したい。

後者は意図的に常敬混合文を書いているのではない。全く無意識に、それこそ喋るように書いていて、支離滅裂な〝常敬ごちゃまぜ文〟になるのである。敬語で話をする気分で書くと、どうしても喋るように書いてしまう。こういう不安をもつ人は、まず始めは常体で書くべきだろう。

⑤重点先行で書く

大切なことを先に書く。これを重点先行の書き出しという。読み手に内容を早く理解してもらう。何について書くのかを最初に知らせておく。その文章のめざす方向を示す。こうした〝伝える〟ことを重視した書き出しである。この方法は読み手に対して伝達を明快にすると同時に、書き手自身にも自分が何を書くのか、明確な意識をもたせてくれる効用がある。曖昧なままペンをとらない、自覚的な書き出しである。

そもそも人間は、結論を出してそれから遡って物事を考えるというより、考える端緒があって、水が上から下に流れるように考えてから結論に至るのが普通である。その、最後に決まる結論から先に書くというのは、人間の生理に反することで、実際はなかなか難しい。従って重点先行文は自分が書くべき内容を全てまとめ、下書きを重ね、いざペンを執るときには書くべきことがしっかり把握できている状態でなくてはならないのだ。

つまり、ペンを執るときには、もう全てが出来上がっている状態で書くことになる。こうなると、思いついた順序に従って書いてしまうお喋り文は、書こうとしても書けるはずがない。

重点先行の書き出しとしては、次の五つを意識するとよい。

(1) 結果・結論から書く
(2) 要旨・要点から書く

(3)　文章の目的・主題から書く
(4)　事実を提示し、読み手に問題意識をもたせる
(5)　問いかけから始める

以上を具体的に示してみよう。次の文章は書き手の伝えたいことが、最後の一行まで明らかにされていない。文芸散文においては時どき見られることもあるが、知的散文においては考えられない記述である。

夏涼しく、冬暖かく、春、秋には季節の花々が咲き乱れる所。みどり豊かな丘にあって、穏やかな海の眺望できる所。駅まで徒歩五分程度で行きつけ、電車はいついかなる時でもゆったりと座席につけ、都心までほぼ三〇分程度で到着できるのである。

近くには日常の生活に不自由のない品々をそろえた店舗が並び、美味しいコーヒーを飲ませる喫茶店と、本格的な味のパン屋がある。パリでも名うてのシェフがオーナーのフランス料理店と、上海で腕を磨いた料理人のいる中華料理の店。京で修行した主人が開いている懐石料理店。快活な若い夫婦がやっている寿司屋もある。思いもよらぬ掘り出しものを安価に提供する骨董店や、室内楽などが楽しめる小さな劇場、見も知らぬ泰西の名画や涼しげな日本画を展示する美術館もそろっている。

そういう所に私は住みたい。

これは宮沢賢治の有名な詩をもじったものだが、韻文なら成立するものでも、散文になると読み手に苛立ちがおこるだろう。これを先の重点先行文の五項目に当てはめてみよう。

(1) 結果・結論から書く
私は、自分の住まいを次に述べるような所に求めたい。夏涼しく、冬暖かく……。

(2) 要旨要点から述べる
四季の恵みをたっぷり受け、交通の便と文化的な施設、美味なる店のそろった街に、私は住みたい。夏涼しく、冬暖かく……。

(3) 文章の目的・主題から書き出す
終《つい》の栖《すみか》について、私の夢を述べることにしよう。夏涼しく、冬暖かく……。

(4) 事実を提示し、読み手に問題意識をもたせる
不動産屋は呆れかえった表情で、冷たく「無理でしょう」と言い放った。しかし、私は自分の理想の住まいにこだわりたい。夏涼しく、冬暖かく……。

(5) 問いかけから始める
住まいについて、次のような考えは贅沢というものだろうか。夏涼しく、冬暖かく……。

⑥適切な句読点
句読点は〝思考の区切り〟の最小単位だ。だらだらと思いつくままのお喋り文章から、ハッと自

分を取り戻してくれる有力な手立てである。

いま言ったことは、どちらかというと文章に対する姿勢と関係することだが、それとは別に、句読点は文章を自分の思いのままに造形しようとするときに必要な技法として、大切なのだ。単なる区切りではない。伝達を操作する武器なのである。

例えば、「お早よう」と書くところを「お、は、よう。」とすることで、普通の挨拶とは違うリズムが生まれる。さらにこの読点の置き方で、ごく親しい人、特にこの場合は恋人への呼びかけのようなイメージであるが、書き手の気持ちが伝わるのである。

「いま流行の最先端のワンピースです」。

「いま、流行の、最先端。ほら、そのワンピースです」。

二つの文章の血の通い方の違いは一目瞭然だ。このような意図的な句読点の使い方で、文章に、言葉の〝素の伝達機能〟を超えた味やニュアンスが生まれてくるのである。分かりやすいように日常的な文で示したが、本書においても句読点は計算して使っている。九行前の「必要な技法として、大切なのである。」以下の、短い間隔での句点の繰り返しは、文意を強くしたい考えから出た結果である。

句読点は書き手の意志を表し、文章のリズムやテンポを作るものだが、ひとつ間違うと文章の意味を左右し、とんでもない誤解を生むことになる。例えば、「ここではきものをぬいでください」という文で、「は」と「き」の間に読点を打つと、大変なことになる。ここは「で」と「は」の間が正解である。

句読点は作文上の大切な要素であるが、その使い方は全く個人の力量・裁量であり、こう使いなさいという正書法はない。書き手の個性や人間性の奥深いところから出てくるものでもある。それだけによく考えて活用したいものである。

以下に句読点の常識的な使用法と丸括弧の用法を列挙しておく。

⑦句読点の用法

(1) 主格の後に打つ。

[例] ご注文の商品は、本日発送いたしました。
彼の学校は、郊外にある。

(2) 主格の助詞の代わりに打つ。

[例] 君、課長になってくれないか。
英国外相、来月訪日の予定。

(3) 二つの文を結ぶときには、その結び目に打つ。

[例] 北海道は寒く、九州は暖かい。
雨も降るし、風も吹く。

(4) 文が中止するところに打つ。

[例] 全国調査を行い、初めて明らかになった。

刑事は血まみれになって、逃げる犯人を追いかけた。(9)参照)

(5) 終止形が並列する場合でも、句点ではなく読点を打つことがある。
［例］君も泣いた、僕も泣いた。

(6) 会話文・引用文などを括弧でくくり、〝と〟で受ける場合。
すぐ述語に続かない場合
［例］「いっしょに歩こう」と、彼は言った。
すぐ述語に続く場合は、
［例］「いっしょに歩こう」と言って、彼は歩きだした。

(7) 主格が後にくる場合は、主格の前に打つ。
［例］この方法でやるしかないと、部長は考えているようだ。

(8) 語句を単純に並列するときに打つ。
［例］東京、名古屋、京都、大阪に支店があります。
それぞれが短い語句で同格の場合は、ナカグロ〝・〟を使う。
［例］東京・名古屋・京都・大阪に支店があります。

(9) 修飾語が主文（主語と述語）の間に挟まるときは、修飾語を挟んで打つ。
［例］刑事は、血まみれになって逃げる犯人を、追いかけた。(4)参照)

(10) 語句をへだてて修飾する場合は、修飾する語句の後ろに打つ。

［例］ご依頼のあった、ハワイ旅行のときの写真が出来上がりました。

(11) 限定、条件を表す語句の後に打つ。

［例］報告書によれば、今年の経済動向は明るいという。

落雷のため、放送が中断しています。

(12) 文頭に来た副詞の後に打つ。

［例］なぜ、こうも株が下がるのか。

(13) 接続詞や感動詞の後に打つ。

［例］そこで、考えなくてはならないことがある。

おお、素晴らしい。

(14) 読み誤りを防ぐために打つ。

［例］最先端の事業であり、ますます競争も激しくなるだろう。

（読点を打たないと、〈最先端の事業であります〉ます競争……などと誤読される危険性がある。）

⑧丸括弧の用法

(15) 言葉の注釈

［例］知的散文（内容および形式が知的であるような文章）

(16) 身分の紹介

［例］福永武彦（ふくなが・たけひこ。作家）

⑨コーテーションマークの用法

⒄　引用・強調

［例］〃カギ括弧〃の代わりに用いる。ただし会話には使用しない。

⑩山括弧の用法

⒅　強調・小見出し

［例］〈カギ括弧〉の代わりに用いる。ただし会話には使用しない。

また、最小項目の見出し（小見出し）に使用する。

第3節　お喋り文を普通文にする

1　「癒される風景」を例文とする

人は考えるとき、もう一人の自分との対話という形をとる。実際は喋るように考えるから、それをそのまま文章にすると、書き出しが長くなったり、ねじれたり、脱線したりする。とても読める文章にはならない。ということで、第1節で「癒される風景」を例文として挙げた。

あの文章を悪文の例とするのはよいが、あれを普通の文章にできないのか。誰もが〃あれこれ〃考えた上で整理して文章にする。そのプロセスはどうなっているのか。そのことについて考えてみたい。

まず、もう一度「癒される風景」を読み直すことにする。

◆癒される風景

私は毎日と言っていいほど大学に車で通っている。もう車にも慣れてしまい前までは、渋滞でも車を運転していることが楽しかったので全然苦ではなかったが今では毎日同じ道を通るので慣れてしまいいつもきまって同じ場所が渋滞しているので、もう運転はマジでうんざりだと思うかもしれないがそうでもない。なぜならいつもきまって渋滞している場所から見える富士山がとても大きく、めっちゃ綺麗に見えまだ雪も残っているのでいつも感動しながら富士山を見ているから全然飽きない。家が横浜なので富士山は見れないこともないが、小さくしか見れないのでいまいち感動しない。しかし、雨の日や風の日は、いくら近くに大きく見えるとはいえ曇っていると全然見れないので、渋滞と見れないということで二倍のつらさがある。

頭の中の動きに自然に従ったこの文章は、随所に喋り感覚が見られる。車通学という視点からみると〝一文一義〟ではあるが、楽しさと、飽きてうんざりという正反対の話題が縄のように混然一体となり、全体に〝ねじれ〟ている印象だ。気持ちは伝わってくるが文章としては矛盾した記述で、その点から見ると一文一義とは言い難い。そのほか、語順の乱れ、複線記述、重複表現、段落の皆無、そして喋り言葉などの問題もある。

2　全文を解体して再構成する

考えつくままに書かれた文章を、その順序通りに分解し、全文を端的に表す文はどれか。どれとどれを組み合わせるかを考える。次に、文章の順序＝語順を検討、適切な形に構成し直す。この作業の中で、複線記述、重複表現などをチェック、段落も設定する。

全文をばらしてトピックごとに並列してみる。

① 私は毎日と言っていいほど大学に車で通っている。
② 以前は渋滞でも運転が楽しかったので全然苦ではなかった。
③（しかし）毎日同じ道を通るので（最近では）慣れてしまった上に、きまって同じ場所が渋滞しているので、もう運転はマジでうんざりだ。
④（とは言うものの）いつもの渋滞地点から富士山がとても大きく、めっちゃ綺麗に見え、まだ雪も残っていて感動するほどである。だから（晴天の日は）全然飽きない（というのが正直なところである）。
⑤ 家は横浜なので富士山を見れないことはないが、小さくしか見れないのでいまいち感動し

ない。

⑥　しかし、雨の日や曇っていると全然見れないので、渋滞と見れないということで二倍のつらさがある。

以上のように分解してみると、この書き手は「車通学をしていて、最初は楽しかったが、いつもの道に慣れるにつれて飽きてきている」。その上「いつも同じ場所が渋滞して、もううんざり」だが、「晴天の日は富士山が大きく見えて感動し、渋滞も気にならない」というのである。

こうした文章の場合、矛盾する内容のどちらかを削除して、真の一文一義にしなくてはならない。書き手は一体何を言いたいのか。楽しみか、うんざりか、どちらの気持ちが強いのか。記述はほぼ等分になされているので、文章の内容からは推測できない。しかし、結局のところ何が言いたいのかが、分かるところがある。それはタイトルだ。「癒される風景」とあるかぎり、書き手は車での通学を肯定的に書きたいと考えているのである。

となると、楽しみ、感動といったところを中心にして、原文、つまり頭の中の独り言を文章として再構成することになる。

そこで全文を肯定的なものにすると決め、①から⑥をそれに合わせて再構成する。否定的な部分でも、書き手の気持ちを生かすことによって文意が強まるところは部分的に生かしたい。ここでは⑤と⑥の一部である。次に書き出しで重点先行を考慮して①に風景の話と④の一部を加える。続く展開部は②と③とし、④を最後にもってくる。雨や曇りを否定的にとらえず、むしろ前向きに記述して、明るく終わる。

3　新しい「癒される風景」

再構成された文章は以下の通りである。全文を〝癒し〟に集約し、書き出しで車通学と富士山を一つにした重点先行型とした。文は読点三つ以内の短文。段落は形式段落になった。特別何かを主張する文章ではないが、通学をテーマにした大学生のコラムといった趣のものにはなったようである。

◆**癒される風景**

車で通学する私を癒してくれる風景がある。それは行く手に大きく見える富士山だ。

車で通い始めたころは、同じ道でも渋滞でも楽しかった。しかし最近は慣れてきて多少の飽きもある上に、いつも同じ所で渋滞し、うんざりする。

その気持ちを慰めてくれるのが、富士山だ。

晴天の朝、まだ雪を残した富士山は、感動的なまでに美しい。横浜の自宅から見る小さな富士とは段違いのスケールだ。

それだけに、雨の日や曇りの日はつらい。そういう日は、あそこに富士山があるのだとイメージすると、渋滞にも耐えられるから不思議である。

現実の執筆においても、一人で〝あれこれ〟考えて思いつきをぶつけるように書きなぐっていく。第4章のペーパー式発想法もそれに似たものであるが、それをどこでどうギアチェンジするのか、今回の実例は現実的な方法である。

■お喋り文改訂の演習

次の文章をよく読んで、正しい文脈に書き改めてみよう

① 文章の筋を通すために新しい語句を加えたり、すでに使われている語句を削除してもよい。
② 必要なら句読点の位置を変更したり、新たにつけ加えてもよい。
③ 原稿用紙を使って書くようにしよう。

〔問題〕

(1) タバコそのものは十円にも満たないような品物に税金をたっぷり塗りたくったような商品を、喫煙者は毎日のように買っている。

(2) 信頼は大切である。私自身も信頼ということについて言うのであれば、私は高校までサッカーを部活で行っていた。そのとき生まれた信頼というのが選手間であったり、監督との関係である。

(3) 私の家はセメント通りという、およそ百メートルぐらいの一本の道路に何軒もの焼き肉屋が並んでいます。

(4) 今日の授業は例文を使って一文一義と重点先行で書くことの方がわかりやすいということだ。

(5) 映画を見て、何度感動したか数知れない自分が実際見てきた作品その一つ一つが何かしら感情が動かされ、何かを学んだ心境になる。

第6章

情報リテラシーの向上

リテラシー（literacy）とは何か。昨今はＩＴ用語で「コンピューターを扱う能力」だと説明する向きがある。これは間違いではないとしても、正しいとは言えない。本来の意味は「読み書き能力」（『ジーニアス英和辞典』大修館書店、二〇〇七年）であり、書物を正しく読み取り、正確に伝わる文章が書ける能力ということである。反対語はilliteracy、「読み書きができないこと、無学」（前掲書）だと言う。無学とはいかにも強烈だが、それだけにリテラシーの大切さが分かるというものだ。

というわけで、文章を書くためにはより高いリテラシーが必要で、そのためには多くの書物や新聞・雑誌を読み、テレビ、ラジオ、インターネットなど、あらゆるメディアに接して情報受信能力、発信能力を磨かなくてはならない。本章では、書物と新聞を取り上げ、リテラシーの向上について考えてみることにする。

第1節　本を読む技術

1　三つの読書法

人は、楽しみで読む、知りたいから読む、調べる必要、暇つぶし、それぞれの目的で本を読む。読むことで他人の考えを知り、世の事象を知り、自らの知識を深め、イメージを広げ、考えるヒントにもしている。

人はいろいろな目的で本を読み成果を得るのだが、知識と共に新しい言葉を憶え、気のきいた言い回しを知り、知らず知らずのうちに自らの文章力を高めている。本にかぎらず、新聞・雑誌、インターネットなど、あらゆるメディアから情報を渉猟するとき、所期の目的のほかに、結果として多くの言葉や表現を身につけて、リテラシーの向上に役立てているのである。

ひと口に読書と言っても、いろいろな読み方がある。本を読み、文章を書くという立場で読書を見つめるとき、どういう方法があるのか考えてみたい。

読書を次の四つに分けて検討する。

第一は、日常的読書。ごく普通の知的好奇心による読書。

第二は、探索的読書。叙述のための参考文献を探す読書。

第三は、解読的読書。思考・研究のために熟読する読書。
第四は、論理構成図の作成。より詳しく解読する読書。
それぞれについて詳しく見ていくことにしよう。

2 日常的読書

日常的読書というのは人それぞれだが、趣味や好みの範囲での自由な読書である。自らの知的好奇心を満たすためのもので、気難しい条件や目的に縛られるものではない。しかし結果的には、知識の幅が広がり興味が増し〝思わぬ新発見〟があるものである。

〝思わぬ新発見〟とは、特別の期待もなく読み進めていったとある頁で、新しい事実や意見、今まで考えもしなかった視点などに出会うことを言う。〝共感、納得、感銘〟、人はそのとき、その部分に傍線を引くのだが、これが日常的読書を意味あるものにしているのである。というより、あえて目的といえば、これこそが日常的読書が目指すものに他ならない。

ここに一冊の書物がある。谷川徹三（哲学者、一八九五―一九八九）の『哲学入門』（講談社学術文庫、一九七七年）で、一九五四年、彼が中部日本放送の「教養講座」でいった講話を、後でまとめたものである。ラジオの教養講座だけに、内容的にも言葉の点でも平易なものになっている。日常的読書には恰好の良書である。

この本は、例えば「哲学と哲学すること」「物を考えるとはどういうことであるか」など、学問としての哲学に入る以前の素朴な問いに答えるところから筆を下ろし、ソクラテス、プラトンから現代哲学までの歩みをたどり、「哲学と宗教」「アトムとイデア」「唯物論と唯心論」「観念論と実在論」「形相と質料」「主観と客観」など、哲学を知る基本的諸問題を語りながら、哲学の道へと案内する内容である。

この本を書店で偶然見つけ、タイトルと信頼できる著者、カバー裏の概略説明から興味がわいたとする。日頃から一度は読みたい、知りたいと思いつつも、なんとなく難解そうで取り付きにくい哲学の書物が、なんとも短い八六頁に収まっている。しかも三一一円(この価格は一九九七年発行第二八刷本)という安さだ。日常的読書には最適の教養書だと思い、購入したと仮定しよう。

興味がありながらも、今まで無縁に過ごしてきた哲学への案内書となれば、〝思わぬ新発見〟は随所にあるはずだ。内容のほとんどは学問としての哲学についての記述で知識として知ることの喜びはあるものの、特別な感動はないかもしれない。それに比べて最初の二つには、人間がもつべき常識を改めて教えられたような〝思わぬ新発見〟があるのではないだろうか。

例えば「物を考えるとはどういうことであるか」(163–167頁に全文掲載)は、哲学とは物を考える働きであるが、物を考える人は何かに苦しんでいる人、あるいは何かの障碍に突き当たっている人である、自分の思うことが何でも行われる人や幸福な人は、物を考えないと説明している。

また、考えるにはもう一つの働きがあって、独創的な考えとは、今までまったく縁もゆかりも無いと思われていたものに〝つながり〟をつけることである、とも言っている。これは第3章のJ・W・ヤングの〝つながり〟をつける話と一致していて、なるほどと思うのだ。

この二つは同じ〝考える〟でも全く異質なもので、前者は問題解決のための思考であり、後者は発想・発見のための思考である。

このように、簡単な入門書として読んだ『哲学案内』から、哲学という学問のおおよそより〝考える〟という営為の本質を知ったところに、日常的読書の〝思わぬ新発見〟〝思わぬ成果〟があったと言えるのである。

3　探索的読書

探索的読書とは、自分が文章を書くために必要な書物を探し、かつ、参考箇所を探索する〝目的をもつ読書〟である。これには二つの過程があって、一つは何げない日常的読書での〝思わぬ新発見〟が端緒となって執筆のアイデアが生まれたり、思索の参考になる場合、あるいは引用箇所として活用する場合などが考えられる。

もう一つは、執筆に必要な書物を書店や図書館で探し当て、手にするケース。これこそ本来の〝目的をもつ探索的読書〟である。ここでは「思考すること」について叙述をすると仮定し、その参考文献の探索を想定して具体的ステップを見てみることにする。

探索的読書には、「ステップⅠ＝書物の選択」、「ステップⅡ＝内容の吟味」の二つがある。

《ステップI：目的に合った本かどうかを確かめる》

① 『哲学案内』という本を見つける。著者を見る。谷川徹三。信頼できる。奥付に著者紹介あり。
② カバー、帯を見る。この本の売り言葉が書いてある。『哲学案内』の場合は、カバー四面にあり。詳細で分かりやすい。
③ 目次を見る。本の骨格を知る。内容の察しをつける。『哲学案内』の場合、文庫本で八六頁。一、三、四章などに注目。頁数少なく、小一時間で読めそう。参考文献としては役立ちそう。
④ まえがき・あとがきなどを瞥見する。本の成り立ちを知る。
⑤ 目次から読書目的に合う章を探し、一〜二頁拾い読みをする。内容のチェックと同時に、本の匂いを知る。匂いとはその本の雰囲気、空気感である。期待していいか、どうかの気分的点検。
⑥ 価格を知る。何と三一一円。安価なり。購入しても損はない。

以上は、程度の差こそあれ誰でも経験のあることで、自分の目的に合った本かどうかのリサーチ読書である。

次にステップIIを見てみよう。これは、ステップIで納得して購入した本の、自分に必要な箇所を探しながらの〝拾い読み〟である。この読書は当該書物の全体的な内容と傾向の把握、そして重要部分の発見、それを短時間で成し遂げることである。

《ステップII：目的にそって内容のポイントを拾い出す》

①目次を観察する。全体的な内容を推察する。

②目次の中から自分が求めている箇所を見つけ、通読する。

③理解が及ばない箇所や用語、脚注・注解・注釈・引用文献などをいちいち参照しない。

④漢字を中心に読んでいくと、早く読み進むことができる。

⑤考えながら読む。著者に対して質問しているつもりで読む。

⑥手に鉛筆を持ちながら読む。

(1) 必要箇所に傍線を引く。

(2) 傍線箇所が何行にもわたる場合は該当箇所をまとめる意味で上部の余白に［型のフレームを入れる。

(3) 注意箇所、注目箇所には★や※などの記号を付す。その場で気づいたこと、疑問などは、余白部分に書き込みする。

(4) (1)から(3)などでチェックした箇所は、本の扉などの余白部に頁数と内容を一〇字以内ほどまとめて記入する。私製索引を作るのである（第3章でも取り上げた）。

(5) 以上の全てには黒鉛筆を使用する。ペン、ボールペン、色鉛筆は用いない。後で適切な箇所でなかったことに気づいた場合、簡単に消去できるようにしておく。

⑦図書館や知人の書籍は、ポストイットを利用し、それに内容を書き込む。この場合はなるべく

早くノートに転記する。借用した本が役立つと思った場合は、自分も購入するべきである。できれば二冊購入し、一冊は書き込み用、もう一冊は保存、あるいは参考資料としてコピーする場合などに備えると良い。

探索的読書とは、自分の叙述に貢献する内容があるかどうかを探す読書である。いわゆる〝速読法〟と呼ばれているものではない。職業上、一カ月に五〇冊、六〇冊の本を読まなくてはならない人たちが用いている速読法は、知識と情報を短時間に身につける読書法であり、ここで言うところの探索的読書とは異なるものである。ただステップⅡの①②④などは、速読法として活用できなくもないという程度のことである。

4　解読的読書

日常的読書で予期しない示唆や刺激を受けた場合、あるいは探索的読書で拾い読みをしていた箇所が予想どおりの内容で、自らの叙述に貢献することがわかったとき、この解読的読書が始まる。

解読的読書とは、手にした本を熱心に分析的に読むことである。著者に敬意を払いつつ、彼の主張と真摯に向き合い自分の意見や疑問をぶつけながら、その内容を探究しようとする読書である。それは次のように行われる。

①　まず全体を通して読む。なるべく連続的に読む。日をおかないで読む。読み通したところで、その本がどういう内容であったか、要約文を書いてみる。本のボリュームにもよるが八〇〇字から一二〇〇字ぐらいにまとめてみる。トピック（話題）、テーマ（主題）、ストーリー（話の筋）などを箇条書きにしてもよい。

②　必要な箇所にチェックを入れながら読む。日常的読書や探索的読書で入れたチェックが不要になったり的外れだったりすれば、消す。私製索引も修正する。

③　脚注、注解、注釈、参考文献なども、その都度、参照・照合しながら読む。

④　その本専用のノートを用意する。必要な箇所を書き込みながら読んでいく。このノートには著者の主張に対する反論、疑問なども書く。また、関連する事項が他の書物にあった場合は、その記述も書き込み、取り扱われているテーマを立体的に考える資料とする。

⑤　ノートにはその本の内容とは別に、もし参考になるような言い回しがあれば、〝文章そのもの〟についても書き写しておく。同時に〝言葉のコレクション〟も忘れないようにしたいものだ。言葉の場合、専門用語、学術用語、時事用語のほかに、感性を刺激された言葉もコレクションしておきたい。

⑥　本を読むことは、その著者との対話である。著者は目の前にいるわけではないが、彼の知識や考え方が途切れなく話される。その言葉に納得したり、共感したり、反発・疑問をもちながら、つまり、彼と話しあっているようなつもりで読み進めていく。そして理解と判断に至るのである。

⑦　理解と判断につづいて、その本に対する評価が生まれる。良い悪いという単純な評価に終わらず、〝批評〟を試みるのだ。批評は話しかけてくれた著者に対する読者の回答であり、提案でもある。読者がその本を〝わがもの〟にする手段である。批評は解読的読書の仕上げでもある。

自らに何らかの意図があるか、あるいはその本に強く魅せられた場合はともかく、普段はこういう読書はしないものだ。しかし考えてみると、読書とは本来こういうものかもしれない。現実にはなかなか面倒だが、ときにはこうした読み方をしてみたいものではある。

第2節　論理構成図を作って読む

1　文章の構造を分解して読む

解読的読書をより進めるための方法として、論理構成図を作りながら読むというのがある。これは一冊中の重要部分、あるいは理解の困難な部分を構造面から分解し、図式化して解読しようとする読書法である。

一冊の本はよく一軒の家屋に喩えられる。家には玄関がありリビングがあり、食堂がある。そのほかに夫婦の寝室や子供部屋などがある。各部屋はそれぞれの用途と機能をもち、有機的に結ばれて一軒の家屋を構成している。本も同様で、それぞれの話題をもった各章節が有機的につながって構成されていると言えるだろう。

今、一冊の本を例に出したが、一編の文章においてもそれなりの構成をもっていれば、一軒の家屋に喩えることができる。段落によって語られるべき話題が部屋の役目をし、論理によって関係づけられ、相互に結びつけられて話が展開されていく。

論理構成図による読書とは、その文章の構造、つまり骨組みを明らかにしようとする読書法である。文章を図解化することによって、言葉の流れを単純に追っていく普通の読書では気づかない、文章の〝複合的な構造〟を理解しようとする読書、文字どおりの解読的読書である。具体的には段落ごとのキーワードを関連づけて論理構成を図解化するというもので、意味段落（第5章参照）を積み上げていく知的散文・論理的文章に向いた読書法であり、主に形式段落（第5章）を用いる文芸散文などには適さない。もっとも、随筆や小説などは、改めて論理の構造を分析する必要のないものではある。

2　論理構成図の実際

ここで、実際の文章で論理構成図を作ってみよう。例文として、日常的読書の項で話題とした谷川徹三著『哲学案内』の「物を考えるとはどういうことであるか」を取り上げる。

この一文は日常的読書の中で〝思わぬ新発見〟のある内容だと紹介したところで、考えるには〝問題解決のため〟と、それとは全く異質の〝発見・発想のため〟という二つがあると説明した文章である。まず全文を掲載する。段落ごとに数字を記入し、キーワードに傍線を引いて、後の解説につなぐ。

◆物を考えるとはどういうことであるか（谷川徹三）

(1)　哲学とは何よりも物を考えるというはたらきでありますが、物を考えるとはどういうことであるかを、今日はわれわれの日常生活と結びつけて考えてみたいと思います。

(2)　自分の思うことが何でも行われるというような人はあまり物を考えない。幸福な人もあまり物を考えない。何かの問題に苦しんでいる人、実際生活の中で、何かの障碍《しょうがい》に突き当たって自分の思うようにならないというような人が物を考える。結局物を考えるということの最も原初的な形は、われわれが生活の中で何かの障碍に出会ったり、われわれの意志をはばむものに出会った場合、それに反応する一つの仕方として現われるものと言ってよいでありましょう。

(3)　一つの仕方とここに言ったのは、その障碍をすぐ実際行動で突き破ろうとするような反応の仕方もあるからです。そこから思索的な人と行動的な人とのちがいが出てくる。前回にも申しましたように、哲学者も一般社会や政治の問題と無縁ではない。しかし哲学者は、行動の上でそれに参与するよりも思考の上でそれに参与するので、行動の上でそれに参与したものもあるにはありましたけれども、そういう場合には多く失敗に帰しているのであります。しかしそれによって哲学の無力が証明されるかというと、そんなことはないので、それは前にも申した通りであります。それにどんなに行動的な人でも実際の行動に出るまでに、一応考えるということはするので、そういう人たちの考えにも哲学は常に作用しているのであります。

(4) いずれにしても考えるということは、われわれの生活から離れたことではない。生活から離れたところには、考えるということの真のはたらきはないのであります。物を読んで考えるということもありますけれど、その場合にも読んだことがわれわれの生活経験に訴えるのであって、読んだことが刺激になって、実際生活におけるあれこれの体験が思い合わされるのであります。哲学においても同じことで、体系的な哲学においては、生活から非常に縁遠いところから問題がもっていかれているように思われますが、しかしそういう体系の中で問題を考えるという、そのことの中には、やはり生活から生まれた動機が入り込んでいる。どんなに生活から離れているようにみえる思考も、その根は生活につながっているので、その根のつながりがなかったらその思考は生命を失うのであります。

(5) ただそこにもそういう障碍——われわれの意志を拒むような障碍を突破しようとする工夫をすることになる場合と、そういうふうにしないで、自分の心の持ちようを変えることによって、客観的な条件に適合しようとする場合とがある。そして前者はそのままにではなくても、とにかく積極的な行動と結びつくものであるに反して、後者は積極的行動とは結びつきがたいものであります。そして西洋的な物の考え方は多く前者に属するのに対して、東洋的なものの考え方は多く後者に属することを、われわれは気づかせられるのであります。そこから西洋では自然の力をいろいろ人間に役立てる工夫をしてきたばかりでなく、社会の問題についても、何かの欠陥や不合理があればすぐそれをなくするような工夫をしてきたのでありまして、そこに科学技術の進歩や社会生活の発展が見られたわけであります。東洋的なものの考え方にはそれがなかった。そのために科学技術が進歩せず、社会生活にも長い間の停滞があった。これは哲学的なものの考え方の伝統のちがいによるものであって、それは宗教の形態ともつながりがあるのでありますが、それについては後にまたお話したいと思います。

(6)　考えるということにはもう一つのはたらきがある。それはつながりをつけるということであります。われわれの日常の経験はそのままでは断片的で、経験の積み重ねによって自然につながりはつけられはしますものの、そういう自然の作用に打ち任せていたのでは広く大きくつながりをつけることはできないのであって、意識的に努力してできるだけ広く大きなつながりをつけようとするのが考えるということであります。独創的な考えとは、今までまったく縁もゆかりも無いものと思われていたものにつながりをつけることで、発見ということも、これはわれわれが、あたりまえのこととして見過ごしていたことの中に、何かの意味を見出すことと言ってもよいのでありますが、やはりこれも今までつながりのなかったものに、つながりをつけることであります。

(7)　ニュートンは林檎が木から落ちるのを見て、そこから引力の法則を考えついたと言われております。これは一個の伝説に過ぎぬというのが、今日ではほぼ定説になっておりますけれど、伝説としても、この伝説には科学上の発見の意味が象徴的に語られているのでありま す。普通の人は林檎が木から落ちるのを見ても、なぜという疑問をいだかない。ところがニュートンはその疑問をいだいた。あの空にある星は地におちないのに、林檎はどうして落ちるのだろうと。ここで林檎と星というまったく縁のないものにつながりをつけたので、それがあの発見のきっかけとなったのであります。

さっき私は疑問という言葉を使いましたが、疑問とは普通われわれがそれをそれとしてだけ見ているものを、何かのつながりにおいて見ることを意味する言葉で、それによってそれは私達が物を考える上にいつでも大きな役割を演ずることとなっているのであります。

(8)　これは一歩進めて言えば、人間の眼にはわからぬつながりが自然と人生を通じて存在しているので、それをわれわれが見出すことでもあると考えられる。つまりわれわれがつながりをつけるのではなくて、すでにあるところのつながりをわれわれがとらえることと考えるのであります。そういうふうに考える場合、自然と人生を貫いて存するところのつながりをわれわれは理とか道とかいうので、その理や道に基づいて人間の作ったものを法則というのであります。東洋的なものの考え方の中には、何でもその理や道に任せていこうという考え方がある。それはあからさまにそれを法則としてとらえはしませんが、そのものの自然の体得をそこに予想している態度であります。無為にして化すとか、自然法爾《じねんほうに》とかいうのがそれでありま す。これにはこれで深い智慧が見られますが、しかしそれにもかかわらず、これは問題をどこまでもわれわれの心の側で解決する仕方で、こういう仕方では、社会生活や国の制度に矛盾や欠陥があっても、それをよくして行くことはできないのであります。考える人は行動する人とは別でありますが、しかし考えることの中には、常に力強い行動に導く原理が含まれていなくてはならないのであります。

〔谷川徹三著『哲学案内』講談社学術文庫157、一九七七年〕

まず通読する。次に、この文章は意味段落で書かれているが、その各段落に番号を付し、キーになっていると思われるフレーズに傍線を引きながら再読する。同時に、キーワードを関連づけながら図式化していくのである。

段落(1)は二行しかない。ここのキーワードはタイトルと同じ「物を考えるとはどういうことであるか」である。段落の、というよりこの文章全体の主題であり、同時に問いかけである。この小論文は、書き出しのこの問題提起に対する解答として論述されると考えるべきである。

段落(2)は段落(1)の問いを受けて、〈解答a〉として物を考える人は実生活の中で「何かの問題に苦しんでいる人」「何かの障碍に突き当たっている人だ」と答えている。段落(3)ではそうした障碍に対する反応のしかたとして「思索的な人」と「行動的な人」がいて、両者には違いが出てくる、哲学者は、「思考」でその障碍に参与すると言っている。この⑴から⑶までを矢印で関係づけたのが、点線でくくられた〈解答a〉のグループである（次頁図参照）。

次に段落⑴に対する第二の解答が現れる。文章では段落⑷として段落⑶の後から出てくるが、解答する立場としては段落⑵と同格・同列である。文章では順序が前後するが、図にすると並列させることができるので分かりやすくなる。これが図の利点であり、読み手の解読に役立つのだ。段落⑷の答えは〈解答b〉「生活から離れたところに考える働きはない」ということである。それに続いて「哲学が生まれた動機」「考える根は生活にある」といったキーワードが語られる。

重視したいのは〈解答c〉である。これは段落⑹でやっと姿を現すが、実は〈解答a・b〉と同じ位置にある段落⑴に対する解答なのだ。ただ日常的読書のところでも述べたように、〈解答a・b〉とは全く異質のものである。〈解答a・b〉が物を考える原因と環境（問題解決のための思考）、つまり思考の源を探る解答であったのに対し、〈解答c〉は物を考えることを機能（発想・発見）としてとらえている。即ち〝アイデアの技法〟として見ている点である。この見方はすでに「第3章 実用的な発想法」で、J・W・ヤングの項でも紹介ずみである。

このように「物を考えるということ」は、谷川徹三においては三つの流れとなり、それぞれが論理的に発展し、最後に「考えることの中には行動に導く原理が必要」という例文最終行の結論に至るのである。

●論理構成図（物を考えるとはどういうことであるか）

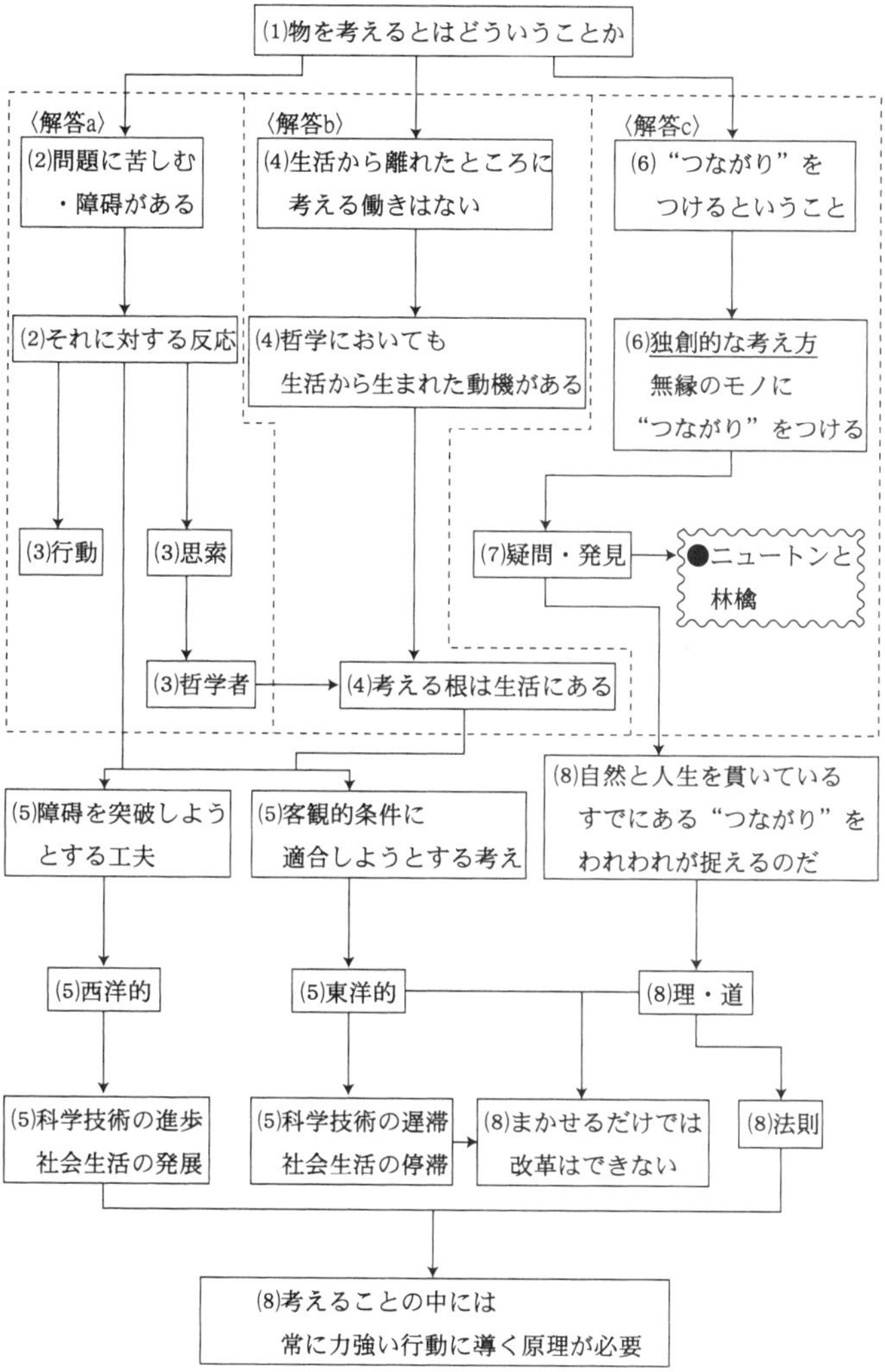
(1)物を考えるとはどういうことか
〈解答a〉
(2)問題に苦しむ・障碍がある
(2)それに対する反応
(3)行動
(3)思索
(3)哲学者
〈解答b〉
(4)生活から離れたところに考える働きはない
(4)哲学においても生活から生まれた動機がある
(4)考える根は生活にある
〈解答c〉
(6)“つながり”をつけるということ
(6)独創的な考え方　無縁のモノに“つながり”をつける
(7)疑問・発見
●ニュートンと林檎
(5)障碍を突破しようとする工夫
(5)客観的条件に適合しようとする考え
(8)自然と人生を貫いているすでにある“つながり”をわれわれが捉えるのだ
(5)西洋的
(5)東洋的
(8)理・道
(5)科学技術の進歩　社会生活の発展
(5)科学技術の遅滞　社会生活の停滞
(8)まかせるだけでは改革はできない
(8)法則
(8)考えることの中には常に力強い行動に導く原理が必要

以上が解読的読書の概略であるが、この論理構成図は作成した結果ではなく、そのプロセスに重点をおくべきである。読みながら図を作る。作りながら読みを先へ進める。この過程で論理の展開を構造的に把握することができるからだ。そういう意味では構成図というよりも構造図と言った方が、適当であるかもしれない。いずれにせよ、他人に見せるものではない。自分がその文章を熟読・解読するために行うものであり、結果よりプロセス重視なのだ。なお、構成図にもとづいて概略文を書くことも忘れないようにしたい。

この構成図は普通は、難解な文章の解読に用いるもので常に必要なものではない。ただ、平易な文章であっても、これを行うことで逆に自らの文章作成に役立つのも事実である。

第3節　新聞を読む技術

1　新聞の特性

リテラシーの向上は、本を読むことより新聞・雑誌など、日々の息吹を生々しく伝えるメディアによる方が、本来的であるかもしれない。しかしそう言えばテレビやラジオの方がもっとビビッドだし、インターネットこそ今の時代だということになる。だがここでは、本書の性格からして活字メディアに限定し、新聞を取り上げることにしたい。

(1)　新聞は情報を鳥瞰的に見ることができる。雑誌、テレビ、インターネットはできそうでできない。新聞の場合、瞬時に見開き三〇段分の情報を上から同時並行的に見ることができる。

(2) 新聞は自主的に情報の選択ができる。読みたい記事を選び、自分にとっての重要度、関心などに従って、見出しのみを読む、リードまで読む、本文まで読む。この三つの選択ができる。

(3) ニュースのほとんどはテレビやインターネットで知ることができ、速報性では新聞はかなわない。だから新聞は、社説、論説、解説、寄稿文、エッセイなど日替わりの読み物に特に力を入れている。事象事態をあらゆる角度から取り上げ、分析と解説、意見・主張を展開している。物を書こうとする人間は新聞のこうした内容に触発されるはずである（最近のテレビのワイドショーでは、新聞各紙をボードに張り付けて報道の一助にしている。テレビですら、新聞記事を活用しているのだ）。

(4) 新聞はあらゆる分野の情報が掲載されているが、それらが分野別に分かれているので、情報収集が便利である。

(5) 新聞には書評が掲載される。執筆者は現代を代表する知性が多い。書物の購入の参考になる他、コラムなど短文のまとめ方のお手本にもなる。購入した書物を読んだ後で自分も書評を書き、新聞のものと比較するのも、文章の演習の一つの方法である。

(6) 新聞は切り抜いて保存し、参考資料、引用資料として活用できる。ただし、新聞には月別の縮刷版がある。また今はインターネット検索もできる。従ってファイルは自分の専門、あるいは関心分野に絞り、一般的な情報は縮刷版やネットに頼る。この二段構えが普通の方法である。

ている。

2　新聞を読む

新聞は日々刻々と移り変わるニュースとそれらの解説・分析・論評などの〝囲み記事〟から成っている。

ニュースは一面にその日の最重要事項を掲載し、二面、三面でそれに関連する記事やその他の重要記事を掲載。以下、政治、国際、経済、スポーツ、文化、生活、地域、社会、テレビ・ラジオ番組など、世の事象事態に全方位的に取り組む形になっている。書き手はそれぞれの分野を専門に担当する記者であるため、背景や事情を熟知していて取材に無駄がなく、内容は要領よくまとめられていて分かりやすい。〝囲み記事〟には記事関連の他に学術・文化・芸術・世相などについての識者の寄稿もある。そういう意味からすると、大事件の報道から料理・育児の知識まで、新聞は情報の総合デパートであると言えるだろう。

最近の若い人は新聞を読まないと聞く。テレビやインターネットの方が速報性に優れ、しかも、お金を出してわざわざ買う必要もない。確かに一理あるところだが、しかし、新聞には今言った〝囲み記事〟がある。すでに言ったように新聞はニュースの詳細な報告と、〝囲み記事〟の充実に力をそそいでいるように見受けられる。新聞は今や、ニュースを知って思考する場として機能しているのだ。文章を書こうとする者にとっては必要不可欠な情報源であり、情報リテラシーの向上の場としては重要なツールだと言えるだろう。

そこで本項では新聞の〝囲み記事〟をどう読むか。このことについて考えることにする。

3　囲み記事の読み方

新聞の読み方には色々ある。普通は朝刊を朝、夕刊を夜、自分の関心のある情報を選択して一読する。それに異論はないのだが、囲み記事は就寝前、朝夕刊併せて全ての頁に目を通し関心のある囲み記事を熟読、特に保存の必要性のあるものは切り抜きファイルする。

ファイルは、実は、整理がなかなか面倒で根気のいる作業であり、このネット時代に何を今さらという気がしないでもない。しかし、数多い記事の中から自らの目で選んだ情報をファイルするところに意味がある。必要が生じて既製の情報を検索するのと、手作りのそれを活用するのとでは、その意味も、思考に与える影響も大きく異なるのだ。読み書きは本来、アナログな作業なのである。

ここで特筆したいのは、ファイルした記事Ａが幾日かを経て掲載された別テーマの記事Ｂとリンクする事実である。同じ新聞の場合もあれば、別の新聞のケースもある。また旬日を経ずして記事Ｂが登場することもあれば、一ヵ月後もあり、時にはその翌年、翌々年に記事Ａとリンクする記事Ｃ、Ｄが現れることもある。この具体例については後述するが、囲み記事の拡散的連環が自らの思索や問題意識の発生に貢献してくれるのである。こういうことは、やはり手づくりでなくてはできないことである。

ニュースは日々変化し、生まれ、消えていく。囲み記事もそのまま見過ごせば散っていく。新聞とはそういうものだという意見もあるだろう。しかし、ファイルして、互いにリンクする記事を数年にわたって読み、考え、時には執筆のモチーフにしたり、引用・参考の資料にするという新聞の読み方もあるのである。

次に囲み記事リンクの例を紹介しよう。

4　吉岡忍「自分以外はバカの時代」を読む

囲み記事Aは、二〇〇三年七月九日の朝日新聞夕刊に掲載された、作家・吉岡忍の「『自分以外はバカ』の時代――ばらばらの個人、暗鬱な予感」である。

◆「自分以外はバカ」の時代――ばらばらの個人、暗鬱な予感（吉岡忍）

確証はない。印象だけがある。けれど、ぼんやりしたその感じが気になっている。そういうことを記しておきたい。この国の低迷はまだ始まったばかり、これから本格的に陥没していくのだろうということ。その暗鬱《あんうつ》な予感についてである。

ここ数カ月、私は毎週のように各地を旅行している。取材や講演だったりするのだが、行く先々に沈んだ光景が広がっている。高齢化と過疎が深いしわとなって刻み込まれた町や村。かしいだ空き家の連なり。色褪《あ》せた飲み屋小路に放置された廃車や自転車。商店街に面したスーパーやデパートをのぞいても、買い物客はまばら。どの町に行っても、廃業した店々が錆《さ》びついた扉を下ろしたままの、通称「シャッター通り」がある。

地域も企業も希薄に

これらの光景自体は、もう珍しくない。バブルが崩壊したあとの不況のせい、と説明もついている。失われた十余年、そろそろ景気も上向いてほしい、いや、上向くだろう、と楽観する向きもある。

そうなってほしい、と私も思う。だが、けっしてそうはならないだろう、という思いに圧倒される。たぶん問題は、不況ではない。不況が原因と思っているうちに、じつは私たちはもっと大きなものを失ってきたような気がする。そして、その喪失の意味をうまく自覚できていないのではあるまいか。

数年来、私はこの国から地域社会と企業社会が蒸発し、人々がばらばらに暮らすようになった現実のあれこれを指摘してきた。言うまでもなくこれらは、戦後半世紀、よくも悪くもこの国を経済大国に向けて駆動してきた両輪だった。それがなくなったとき、行政も企業も混乱に陥り、習慣は旧習となり、旧習は旧弊となって、数々の不祥事が噴き出した。不可解な犯罪が多発したのも、地域と企業の双方の磁力が希薄化した地域でだった。

しかし、二十一世紀の初頭、不景気風の吹きすさぶこの国で個々ばらばらに暮らしはじめた人々の声に耳を傾けてみればよい。取引先や同僚のものわかりが悪い、とけなすビジネスマンの言葉。友だちや先輩後輩の失敗をあげつらう高校生たちのやりとり。ファミレスの窓際のテーブルに陣取って、幼稚園や学校をあしざまに言いつのる母親同士の会話。相手の言い分をこき下ろすだけのテレビの論客や政治家たち……。

同情も共感もなく

ここには共通する、きわだった特徴がある。はしたない言い方をすれば、どれもこれもが「自分以外はみんなバカ」と言っている。自分だけがよくわかっていて、その他大勢は無知で愚かで、だから世の中うまくいかないのだ、と言わんばかりの態度がむんむんしている。私にはそう感じられる。

高度産業社会を経験した人々は、こういう心性を抱え込むのかもしれない。そこでは、だれもが何かの専門家として学び、働き、生きている。金融の、製造の、営業の、行政の、政治の、そうでなかったら消費のプロだ、あるいはそのつもりだ。かぎりなく細分化した一分野に精通しているという自負はだいじだが、それがそのまま周囲や世間に対する態度となる。

「大衆」という、自分自身もそこに入っているのかいないのかが曖昧《あいまい》な、使いにくい言葉をあえて使えば、いまこの国は「自分以外はみんなバカ」と思っている大衆によって構成されているのではないか、というのが方々歩いてきた私の観察である。これは「大衆文化」を前向きにとらえた敗戦直後とも、「赤信号みんなで渡れば怖くない」とばかりに大衆を勢いづかせた高度成長期からバブルにかけての時期ともちがう、新しい現実である。

この現実はやっかいだ。自分以外はみんなバカなのだから、私たちはだれかに同情したり共感することもなく、まして褒めることもしない。こちらをバカだと思っている他人は他人で、私のことを心配したり、励ましてくれることもない。つまり私たちは、横にいる他者を内側から理解したり、つながっていく契機を持たないまま日々を送りはじめた――それがこの十余年間に起きた、もっとも重苦しい事態ではないだろうか。

不況、テロ、戦争、北朝鮮。どれも現在のこの国が直面する難問ではあるが、自分以外はみんなバカ、と思い込む心性はそれぞれの問題を外側から、まるで大仕掛けな見世物《みせもの》としてしか見ないだろう。そこに内在する歴史や矛盾を切り捨て、自己の責任や葛藤《かっとう》を忘れて、威勢よく断じるだけの態度が露骨となる。

そこに私は、この国がこれからいっそう深く沈み込んでいく凶兆を読み取っている。

〔『朝日新聞』二〇〇三年七月九日夕刊〕

このエッセイ（試論）は「確証はない。印象だけがある。（中略）この国の低迷はまだ始まったばかり、これから本格的に陥没していくのだろうということ。その暗鬱な予感についてである」という書き出しで、日本国中で見られるシャッター街は不況が原因だと思っているうちに、私たちはもっと大切なものを失ってきたような気がする、私たちはその喪失の意味をうまく自覚できていないのではないかという、問題提起で始まる。

この国から地域社会と企業社会が蒸発し、人々はばらばらに暮らすようになった。取引先や同僚をけなすビジネスマン、友だちや先輩後輩の失敗をあげつらう高校生、幼稚園や学校をあしざまに言いつのる母親同士の会話、相手の言い分をこき下ろすだけのテレビの論客や政治家たち。「ここには共通する、きわだった特徴がある。はしたない言い方をすれば、どれもこれもが『自分以外はみんなバカ』と言っている。自分だけがよくわかっていて、その他大勢は無知で愚かで、だから世の中うまくいかないのだ、と言わんばかりの態度がむんむんしている。私（吉岡・筆者注）にはそう感じられる」と言うのである。

「横にいる他者を内側から理解したり、つながっていく契機をもたないまま日々を送りはじめた——それがこの十余年間に起きた、もっとも重苦しい事態ではないだろうか」と吉岡は言う。「自分以外はみんなバカ」と思い込む心性が、問題（不況・テロ・戦争・北朝鮮）を外側から大仕掛けな見世物として見る。「そこに私（吉岡）は、この国がこれからいっそう深く沈み込んでいく凶兆を読み取っている」と結んでいる。

吉岡の言説は、この国にあった伝統的な美徳に支えられた相互扶助的な地域社会と、経済的同一目的に向かって邁進する終身雇用に支えられた企業社会という、二つの共同体の崩壊によって、「自分以外はみんなバカ」という〝性悪な利己主義〟社会が出現し、この国を陥没へと導いているのだと言うのである。

二〇〇三年の吉岡の危惧はその後も広がるばかりで、二〇〇七年七月一〇日、この原稿を書いている今も、社保庁の年金保険料の納付記録喪失問題、ミートホープの食肉偽装事件、コムスン問題、ノヴァ問題、東京渋谷のシエスパ爆発事件など、全く「自分以外はみんなバカ」の系譜に連なる事件が後を絶たない。子殺し、親殺し、偽装建築、欠陥商品、酒酔い運転事故、政治家の金や失言問題なども同様である。この国は本当に豪雨の後の地滑り状態。四年前のエッセイが、今も新しいという悲しい現状である。

5　梅原猛の「〈反時代的密語〉神は二度死んだ」を読む

この現状に救いの手を差し伸べることができるのか。吉岡の記事Aからほぼ一年が経過した二〇〇四年四月二〇日より、朝日新聞朝刊に哲学者・梅原猛の「反時代的密語」というエッセイ（試論）が月一回の連載で始まった。現代の諸問題に鋭く切り込んで、読み手に深い〝思索の時〟を与える内容であった。その第二回目（五月十八日）に「神は二度死んだ」というタイトルで、日本人の道徳の崩壊の遠因を教示する文章が載せられた（これを記事Bとする）。

◆〈反時代的密語〉神は二度死んだ（梅原猛）

ニーチェは、西洋の近代を神の死の時代と考えた。「神は死んだ。いや人間が神を殺したのだ」とニーチェはいった。ドストエフスキーもニーチェと同じような思想をもち、西洋の道徳がキリスト教を土台にしていたとすれば、神の死すなわち宗教の否定は道徳の否定になると考えた。

そのような宗教と道徳を否定した人間の例が、彼の小説『罪と罰』における何の理由もなく老婆を殺害したラスコリニコフであり、『カラマーゾフの兄弟』における間接的に父フョードルを殺害したイワンである。ドストエフスキーは彼らのような神なき人間に満足せず、『カラマーゾフの兄弟』において天使の如《ごと》き無垢《むく》な宗教性の所有者、アリョーシャの活躍を書く予定をしていたのに、それが書けずに死んだ。私は、これは偶然ではなく必然であると思う。神なき時代の人間の不幸は書けても、神を取り戻した人間の至福は近代人ドストエフスキーには書けなかったであろう。

＊

最近日本でも、動機が金銭の強奪や嫉妬《しっと》、怨恨《えんこん》ではなく、殺人のための殺人というべきものが起こっている。私は若き日、ニーチェやドストエフスキーのこの思想に深く影響されたが、日本における神殺しについては何らの認識ももっていなかった。しかし日本のことを研究すること五十年にして、最近やっと日本における神殺しの実態を理解することができるようになった。

近代日本において神殺しは二度にわたって行われた。近代日本が最初にとった宗教政策、廃《はい》仏毀釈《ぶっきしゃく》が一度目の神殺しであった。それは、仏教が明治維新という大事業を行うために何の役にも立てず、国学者及び水戸学者が唱えた尊皇攘夷《じょうい》思想が倒幕のイデオロギーになり、彼らが明治政府の中心部に入ったことによって起こった。

そこで殺されたのは仏ばかりではない。神もまた殺されたのである。外来の仏と土着の神を共存させたのは主として修験道であるが、この修験道が廃仏毀釈によって禁止され、何万といた修験者が職を失った。この従来の日本を支配した神仏を完全に否定することは、近代日本をつくるために必要欠くべからざることと思われたからである。福沢諭吉のような啓蒙《けいもう》思想家などもこの神々の殺害を手助けしていたことは否定できない。

そして明治政府はこのように伝統的な神仏をすべて殺した後にただ一種の神々のみを残し、その神々への強い信仰を強要した。それは天皇という現人神《あらひとがみ》と、アマテラスオオミカミをはじめとする現人神のご先祖に対する信仰であった。主として薩長によってつくられた明治政府が天皇を神としなければならなかったのは、一つには、先祖が神君として日光東照宮に祀《まつ》られる徳川氏を倒すためには神君以上の神が必要であったからであろうが、もう一つには、そのような現人神という中心点をつくることによって、後進国日本が国民の全エネルギーを結集して一日も早く欧米諸国に追いつくためでもあった。

この現人神への信仰にもとづいて作られたのが、教育勅語という新しい道徳であった。教育勅語を起草したのは水戸学者、元田永孚《ながざね》であるが、教育勅語にはかつての仏教や神道の道徳はほとんど含まれず、現人神への信仰のもとに、儒教道徳に近代道徳を加えたものが羅列されたにすぎない。このような道徳のもとに日本は西洋諸国に追いつき、その挙げ句、アメリカ、イギリスという世界の強国に対してあえて戦争を仕掛け、手痛い敗戦を経験した。

この敗戦によって新しい神道も否定された。現人神そのものが、実は自分は神ではなく人間であると宣言されたことによって、この神も死んだ。三島由紀夫はこの神の死を嘆き、身をもってその神に殉ずるという悲惨で滑稽《こっけい》な劇で彼の人生の幕を下ろした。三島が第二の神の死のみではなく第一の神の死にも目を向けてくれていたならば、彼はドストエフスキー並みの作家になれたかもしれないと惜しまれる。

＊

このように考えると、日本は西洋よりもっと徹底的に神仏の殺害を行ったことになる。この神仏の殺害の報いは今徐々に表れているが、以後百年、二百年経《た》つと決定的になるであろう。道徳を失っているのは動機なき殺人を行う青少年のみではない。政治家も官僚も学者も芸術家も宗教心をさらさらもたず、道徳すらほとんど失いかけているのである。政治家や官僚が恥ずべき犯罪を行い、学者、芸術家も日々荒廃していく世の動きに何らの批判も行わず、唯々諾々とその時代の流れの中に身を任せているのは道徳の崩壊といわねばなるまい。

最近、そのような道徳の崩壊を憂えて、日本の伝統である教育勅語に帰れという声が高まっている。しかし教育勅語はあの第一の神の殺害の後に作られたもので、伝統精神の上ではなくむしろ伝統の破壊の精神の上に立っている。私は、小泉八雲が口をきわめて礼讃《らいさん》した日本人の精神の美しさを取り戻すには、第一の神の殺害以前の日本人の道徳を取り戻さねばならないと思う。

［『朝日新聞』二〇〇四年五月一八日朝刊］

「ニーチェは、西洋の近代を神の死の時代と考えた。『神は死んだ。いや人間が神を殺したのだ』とニーチェはいった」と梅原は言う。ドストエフスキーもニーチェと同じ思想をもち、「西洋の道徳がキリスト教を土台にしていたとすれば、神の死すなわち宗教の否定は道徳の否定になると考えた」。梅原は続ける。「近代日本において神殺しは二度にわたって行われた」。一度目は明治政府による仏教排斥運動「廃仏毀釈」である。ここでは仏ばかりか伝統的な神仏をすべて殺し、後にただ一種の神のみを残した。それは天皇という現人神とアマテラスオオミカミをはじめとする現人神のご祖先で、そこで、それらに対する信仰を強要した。二度目は、敗戦によるこの神道の否定である。現人神（昭和天皇）そのものが、実は自分は神ではなく人間であると宣言されたことで、この神も死んだ。

こうした神仏に対する殺害への報いが、いま徐々に表れて道徳の荒廃を招き、それを憂えて教育勅語に帰れという声が高まっている。しかし教育勅語はあの第一の神の殺害の後に作られたもので、伝統の破壊の精神の上に立っている。

ほぼ以上のようなことを述べた上で、梅原は「私は、小泉八雲が口をきわめて礼讃した日本人の精神の美しさを取り戻すには、第一の神の殺害以前の日本人の道徳を取り戻さねばならないと思う」と結んでいる。

これに続く六月十五日版では「民主主義道徳の創造」(記事Cとする)と題し、仏教は民主主義にふさわしい教えであるとして、〝生きとし生けるものを殺さない〟〝嘘をついてはいけない〟という仏教の道徳を中心に儒教の人間信頼、神道の自然崇拝、キリスト教の希望などを総合した新しい道徳体系の樹立が必要不可欠であると主張しているのである。

ここまで読んできて、我々は記事AとBが見事にリンクすることを知る。記事Bは、二度の神殺しによって日本人は〝拠って立つところ〟を失った。それが今日の荒廃を招き、記事Aの「自分以外はみんなバカ」の時代を迎えたのだということを理解するのだ。Bが原因であり、Aが結果である。しかしAに解決策はない。ただ未来への不安と脅えが示されているだけだ。一方、記事Bには提案があり、「第一の神殺し以前の日本人道徳」を取り戻さなければならないとして、それには記事Cで「仏教を中心とした儒教・神道・キリスト教などを総合した新しい道徳体系の樹立が不可欠だ」と言うのである。

6　新聞から得る思考・思索の時

梅原の問題提起と解決策に百パーセントの賛意を示すとしても、その実現には〝百年河清を待つ〟の思いがする。それはともかく、新聞記事のファイルは、このような予想外の〝思考・思索〟

の機会を与えてくれるのである。

吉岡は「自分以外はみんなバカ」と言って、排他的な姿勢で他者と繋がらない孤立する個人を描いている。梅原は超越的とも思える目線で現代社会の病巣を見つめ、この病める日本の救済のアイデアを提示している。これの実現には相当強烈なリーダーの登場を待たなくてはならず、その意味からすると形而上的だという感想をもつのだが、しかし、議論としては十分に引き付けられるのである。

この現代人の孤立と病巣をめぐる議論は、記事ＡＢＣに引き続き新聞の定番的なテーマとして、各紙に繰り返し登場してくる。

新聞の報道記事はもちろん、囲み記事でも時と共に古くなっていくのは当然のことである。しかし、テーマによっては長い年月を越えても今日的なそれとして、なお生き続けるものもある。そういう類いのものは長く保存して、そのリンクの中でリテラシーの向上をより深く広く身につけていきたいものである。

■解読的読書の演習

論理構成図を作ってみる

第2節で取り上げた谷川徹三の『哲学入門』に、「哲学と哲学すること」という論述がある。これを読んで論理構成図を作ってみよう。先の「物を考えるとはどういうことであるか」に比べると単純な構成になっていて、簡単である。

なお、作図が終わったところで、その図にそって概要文を書いてみる。論述内容が全体的に把握できると共に、作図が適切であったかどうかの、自己点検にも役立つことになる。

◆**哲学と哲学すること**（谷川徹三）

哲学というものは、普通、一般の人には何か縁遠いもののように考えられております。いまだに哲学者というと浮世を離れた人間のように考えたり、若くて哲学に魅入《みい》られると、何ということなしにまわりの人々に心配されたりする。そんな人も無くはないでしょうが、それは多くの場合、中途半端であるか、でなければ哲学というものを誤解しているかによるのでありま す。哲学は全く浮世のもので、現実生活と密着しているものであります。世を厭《いと》わせるような哲学もないではありませんけれど、逆にわれわれに生きる勇気を与えるような哲学もあるので、哲学の本来の役目は確固とした信念をもって、世に生きることを教えるものなのでありま す。

哲学の書物というと、何かわからない言葉でむずかしいことが書いてあるものとしたり、さらに哲学というものは、何でもなく言えることをわざとむずかしく言うことだとしたりする考えも、広く行き渡っている。なるほどそういうものもないではない。しかしほんとうの哲学はそういうものではないので、偉い哲学者の書いた書物は、案外読んでむずかしくないのであります。はっきりした一つの立場に立って条理を追って考えぬいたものは、どんなにむずかしいようにみえても、読めばよくわかるので、そういうものを、むずかしいと言うのは言う方が間違っている。

物理学や経済学の本については、ある程度まで専門語に習熟しなければその学問の中に入って行かれません。同様に哲学もひとつの学問であるからには、ある程度まで専門語に習熟しなければその中に入って行かれません。ところが自然科学でも社会科学でも、ひとつの学問の中に入ろうとするものは、そういうことをはっきり理解し、そういう心構えをするのでありますが、哲学の場合には不思議にそういう心構えをしない人が多い。というのは、哲学という学問が特殊科学のようにはっきりした対象をもたないで、漠然と世界と人生の全領域を掩《おお》うようなものになっていることをみんなが感じているからで、その感じの中には、哲学というものが自分たちに身近なものであるという感じも含まれているのであります。自分たちに身近なものでありながら、自分たちにわからないものになっているという暗々裏《あんあんり》の不満が、先に言ったような哲学に対する感じ方となっているともいえるのであります。

そこから私は、哲学という、すでに体系的学問としてでき上がったものと、哲学するというわれわれの精神の運動とを第一に区別してお話したいのであります。

体系的学問としての哲学は、一般特殊科学とはちがって、たえず進歩を積み重ねていくようなものではなく、したがって多くの人の共同研究で、一般的な組織が作られるというようなこともなく、個々の哲学者の人間としての資質や達成と強く結びついた体系として、つまりカントの哲学とかヘーゲルの哲学とかいうようなはっきりした性格をもった形として存在するものではありますが、とにかくそれは一つの学問の世界であって、その学問の世界へ入るためには、他の学問の世界へ入るのと同じように、いっそう基礎的な学問の準備も必要であれば、その学問の世界特有な専門語にも習熟しなければならないのであります。

しかし哲学する——哲学的にものを考えるということは、もっと日常生活と結びついたことであって、その場は至るところにある。何かの時に人は、自分はいったい何のためにこの世に生きているのだろうか、と考えるようなことがある。また親子の間でも友達同士の間でも、何かの気持のこじれからお互いの間がうまくゆかなくなったような場合、人間の心というものの正体はいったい何だろう、というようなことを考えることがある。また現実の社会に実際生きてきた体験から、政治の仕組や経済の動きについていろいろなことを考えさせられる。そういうふうにして、自然にいろいろ考えさせられる場合、それをもっと押しつめてみたい、という思いに駆られることがある。そういう時、人はいつでも、自分で知らずに哲学しているのであります。

人間の心というものの正体はいったい何だろうというような問題を考える場合には、その疑問を心理学によって解こうと心理学の本を読み出す人があるかもしれない。しかし今日の科学としての心理学はおいそれとはそれには答えてくれない。こういう問題は文学作品の方がずっとよく教えてくれる。しかし文学作品は人間の心の動きの複雑さ不思議さを教えて、問題をいっそうわからなくする場合が多い。それはそれで人間の成長になるのでありますが、というのは何でも簡単に割り切って考えることは、常に人間の未熟を証拠立てることでありますから――しかしそれでは満足できない、もっとしっかり生きるよすがを求めたい。そういうあれこれの思いに、何か確かなものをつかみたいと手探りする。広い未知の世界をどこまでも求め歩く。これが哲学することであります。

政治の仕組や経済の動きについていろいろ考える場合にも、これを政治学や経済学によって、考えを進めることもできるでしょう。しかしその政治学や経済学という学問も、哲学的にものを考えるところからもともと起こってきたもので、もちろん政治現象とか経済現象とかいうものの実際に即してそれはそうなったのでありますが、そういう学問も最初は、はっきりした対象をもたなかった。つまり最初は漠然とした哲学という形でそれは妊《はら》まれたので、それが産み出されてみると、はっきりした対象をもってくるのでありますが、産み出されるまではそうでなかった。それはそういう学問の歴史についてみればはっきりするのでありますが、そういう学問を妊んだのは哲学という母体であった。

そういう事実を考え合わせますと、われわれが今日の社会生活の実際の上で、政治の仕組や経済の動きについて今日の政治学や経済学を離れて、何かと考えることにもおおいに意味がある。これは世の中のことをいっそう広い関連から考えることでもあれば、それを人間の心のさまざまな動きの中で考えることでもありますけれど、そこから今日の政治学や経済学に新生命や新分野を開くような考えが生まれてこないとも限らない。それにはそれで今日の政治学や経済学の世界にも入ってゆかなければならないでしょうが、その世界に入ってゆきながらも、それにとらわれないような態度を保持するので、これがつまり哲学的に物を考えることなのであります。こういう態度はすでにでき上がった学問としての哲学に対する関係においても同じことで、そういう態度を保持することによって、哲学にも新生命や新分野が開けるのであります。

もともと哲学という言葉は、ギリシャ語で知を愛することを意味する。ソクラテスがソフィステースとフィロソフォスとをきびしく区別したのもその精神であります。ソフィステースとはギリシャ語で知者を意味するので、みずからを知者とするソフィストたちに対してソクラテスが自分を知をもたないもの、しかしながら知を愛するものとしたその精神こそ、真の哲学的精神なのであります。そしてその哲学的精神は、哲学すること――哲学的に物を考えることの中にあるのであります。

〔谷川徹三著『哲学案内』講談社学術文庫157、一九七七年〕

第7章

知的散文の方法

知的散文については、すでに第1章でその概略を述べた。多少の例外はあるが、その中心に位置するのは論理的文章である。例えば学術的な研究論文から学生の論文・レポート、新聞・雑誌の論説・評論・試論、企業・公共機関やその他の組織体の報告文、主張文・提案文など、その範囲は広い。

学術論文は問題提起あるいは仮説を立て、それを証明して結論に導く形をとり、その他の論理的文章は、書き手の思考＝主張を筋道をたてて結論に導いていく。後者は日常の中で数多く見聞するものであり、ある意味、生活の文章といっても過言ではない。文章に生きようと志を立てている人はもちろん、ごく普通の人にとっても基本として身につけておきたいものである。

本章では、まず一般的な論理的文章を取り上げ、具体的な例を示して考えていく。続いて論文の基本的な性格と形を説明する。

第1節　生活の中の論理的文章

1　論理的とはどういうことか

論理的文章の動機となるのは、問題意識である。問題意識についてはすでに第4章で触れているが、世の事象事態に敏感に反応し、その核心を見抜き積極的に追究しようとする姿勢であり、またその実行である。実行とは、自分の関心事、あるいは見逃すことのできない問題について、広く調べ深く考え知見を得て、それを論理的に叙述することである。

そもそも論理とは「思考や議論を進めていく筋道」（明鏡国語辞典）であり、平たくいえば筋が通っているとか理屈に合っているとか、そういったものだ。従って多くの論理的文章は議論の中心となる論点を明らかにした上で、自らの主張（思考でもある）を筋を通して展開していく。ただ主張にはそれを支える根拠＝論拠が必要で、論理的文章においてはその〝論拠〟をテコにして議論を展開し、自らの主張を正しいとする結論へと導くのである。

筋を追う、理屈に合っているといっても、論理的文章の論理と結論は算数の1＋1＝2といった絶対的なものではない。立場によって正反対の主張をもつ場合がある。Aが自らの主張が正しいと結論づけても、それに対するBの反論もあるわけで、その反論なりの論拠をテコに、Bは自己の主張を展開し、論議として筋が通っている場合もある。Aには Aの主張とそれを支える論拠があり、

Bには Bなりの意見と根拠がある。一つの事案に対して与党と野党は対立し、検察官と弁護人は相反する根拠を示して自らが正論であることを主張するのである。絶対的な正解がないかぎり、その判断は読み手にゆだねられる。AないしはBの主張とそれを支える論拠がどれだけの共感性をもつか、あるいは説得力をもつか、それによって第三者である読み手の支持が得られるか得られないかが決まるのである。

このことについて野内良三はその著『実践ロジカル・シンキング入門』（大修館書店、二〇〇三年）において、「論理的文章とは、論理学でいうところの〝中間を排除する二値的原理〟によるものではなく、ごく普通の〝日常的＝レトリック的議論〟によるもので、いわゆる蓋然的真理を採用する」と述べている。つまり、われわれの論理的文章の世界は白か黒か、嘘か真かといった中間（曖昧さ）を許さない〝論理的推論〟ではなく、日常的世界のあの〝確からしさ〟といった蓋然的な真理による議論であるというのだ。従って、先に述べたA対Bの相反する議論も成立することになり、我々が扱う論理的文章は「すべての議論は反論が可能だ」（前掲書）とする世界だというのである。いずれにせよ、論理的文章は論証による人間的な議論を展開する文章であると言えるだろう。

大切なことは、自らの主張が論を起こすところから収束するところまで、論旨が一貫し整合していること。常に分かりやすく伝わりやすい、明快な論理によって展開されていること。こうした達意性に優れた文章でなければならないのである。論理的文章こそ、まさに知的散文の中心的位置を占める文章である。

2 論理的文章の要点

論理的文章は、考えること・主張することの筋道を立てて述べるものであり、論点を明確にして、論拠と結論を論理的（レトリック的）につなぐ表現でなくてはならない。どれかが欠けていたり、文脈が乱れて整合性を失っているようでは、その目的を果たすことはできない。

次に論理的に書く要点を列記する。

① 主張を明示する。
何を言うのか、何がテーマなのかをハッキリと示す。

② 論点＝論議の中心点を明快にする。
主張の中核となる論議のマトを明確に示す。論点は一つの文章中に一つとはかぎらない。複数ある場合もある。

③ 論点を支える根拠＝論拠を明快に示す。
主張の根拠を分かりやすく説明する。論拠は、自らの主張を支える証明・証拠（論証）でもある。

議論の展開については、常に読み手の疑問に答えるよう「問いと答え」の対話的原理の活用を心掛けるようにする。

④　論旨の一貫性を維持する。

主張や論拠が結論に正しく通じるように筋道をまげない。理屈にブレがないこと。矛盾がないこと。

以上、論拠に支えられた主張と結論を正しい筋道で結ぶというのが論理的文章だが、そうなると、必然的に構成的・構造的にならざるを得ない。これらはすでに、第4章で触れている通りである。

3　大相撲をめぐる論争

自らの論拠に従って主張を展開する文章とそれに反論を加える文章。二つの〝レトリック的議論〟による〝論争〟を読むことにする。

太田房江大阪府知事（当時）が、大相撲大阪場所で幕内優勝力士に大阪府知事賞を自ら手渡したいと希望して、女性であることを理由に断られ、二〇〇一年三月一日の朝日新聞に「二十一世紀は女性の時代と言われている。（協会が）新しい形を目指すのにいい時期だ」[1]とコメントした。これに対する反論として内館牧子（脚本家・横綱審議委員会委員）の「土俵の『女人禁制』維持は妥当」が発表され、それに反論する秋山洋子（寄稿当時＝駿河台大学助教授・女性学）の「土俵での表彰は『公務の遂行』」が掲載された。内館の論文は二〇〇一年三月十七日の朝日新聞朝刊の「論壇」に、秋山論文は三月二九日の同紙の同じ「論壇」に発表された。

◆土俵の「女人禁制」維持は妥当（内館牧子）

私は長いこと大企業に勤務し、男社会の悲哀をいやというほど味わってきた。当然ながら男女差別には反対である。

ただ、「伝統」というジャンルに関しては、芸能であれ祭りであれ工芸であれ、現代の考え方や様式に合わせていじる必要はないと思っている。それは、当時の文化が伝承されているものであり、もとより現代の考え方や様式に合うはずがない。それを「現代」と重ねて変革を望む発想はあまりに短絡的だ。むろん、伝統の数々は継承の途中で、少しずつ形を変えてきている。その時代のままということは不可能に近く、必要に迫られた変革もあれば、外から要求された場合もあろう。

ただ、その伝統の「核」を成す部分の変革に関しては、広範な人々が大いに意見を言うことは当然として、その決定は当事者にゆだねられるべきものと私は考えている。

その核は、部外者からすれば笑止なことでも、当事者にとっては譲れない部分なのである。大相撲に限らず、すべての伝統に関して言えることだが、当事者はその核を連綿と守り抜き、結束してきたのである。当事者の出した結論を尊重するのが部外者の見識というものであろう。

たとえば歌舞伎の女形や宝塚歌劇のあり方に関し、現代の考え方で「男女差別に怒りを覚える。男女平等に舞台にあげよ」という訴えがあったとする。そしてもしも、それが受け入れられたなら、その時点で歌舞伎ではなくなり、宝塚歌劇ではなくなる。伝統文化においてその核となる部分をいじった場合、それはまったく別ものの誕生ということになるだろう。もちろん、当事者が容認した場合は問題ない。

私は、今回、太田房江大阪府知事を土俵にあげないとした相撲協会の決定を妥当だと考えている。それは伝統文化の領域であり、現代の男女差別にはあたらない。また、「男だけで担う」ことは、大相撲の核を成す部分だと私は考えている。この点について相撲協会と話したことはないが、ここまで必死に女人禁制を貫こうとするのは、やはりそこを核のひとつと考えているからにほかなるまい。

断られた知事は「どうしてなんだという思い」とコメントしているが、私はかくも強硬に土俵にあがりたがる知事に「どうしてなんだという思い」を持っている。何よりも理由に説得力がない。

知事は「二十一世紀は女性の時代と言われている。（協会が）新しい形を目指すのにいい時期だ」（三月一日付本紙）と述べているが、それでは理由にならない。

伝統文化に「現代」というメスを入れようとするなら、相当な覚悟と明確な理由が必須《ひっす》である。そしてそれ以前に、部外者が伝統文化の「核」に触れることへの畏怖《いふ》があってしかるべきだろう。それを「新しい形を目指すのにいい時期だ」などと言い切るのは、あまりにも軽くはないか。知事の仕事ではあっても、前述程度の理由でその核となる部分をいじることに恐れを感じないのだろうか。断られてもなお、説得力のない理由のもと、「優勝力士にわたしの手で渡したいという思いに変わりはない」（三月八日付東京中日スポーツほか）と言うのは、あまりにも幼くはないか。

ただ、知事のコメントから、協会の回答にも説得力がなかったことはうかがえる。その中で「協会の意向を尊重」して断念した知事の強い不満は当然だろう。

大相撲は千二百年の歴史に裏打ちされ、芸能性を持つ伝統競技である。人気低迷が言われる中、変革すべき点は多々ある。変革すべき点と保守すべき点に関しては、慎重な議論が必要だ。大相撲に限らず、伝統文化の何を打ち破り、何を守るべきかは冷静に冷徹に考えたいと思う。

［『朝日新聞』二〇〇一年三月一七日朝刊］

◆土俵での表彰は「公務の遂行」（秋山洋子）

三月十七日の論壇に内館牧子氏の「土俵の『女人禁制』維持は妥当」が掲載された。春場所で優勝力士に自ら賞を与えたいという太田房江大阪府知事に「伝統」という観点から反論したものである。せっかく女性初の横綱審議委員に選ばれた内館氏が、女性の権利主張を抑える役割にまわるとは、なんとも皮肉なことである。

土俵の女人禁制問題は、女性の権利の問題である。しかし、重要なのは単に個人としての女性の権利ではないことだ。

ここで問題になるのは「国民（大阪府民）が権限を委託した公務員が、性別によってその任務遂行を妨げられる」ということである。優勝力士に賞を与えるのは、小さな仕事ではあるが、私たち国民、府民が官房長官や府知事に委託した任務であり、その経費は税金でまかなわれている。任務を委託された者の性別を理由にその遂行が妨げられることは、それを委託した国民、府民全体の問題であり、女性だけの問題ではない。

前回の森山真弓官房長官以来の問題提起が「女の土俵入り」といった揶揄《やゆ》的な扱いを受けがちだったのは、報道する記者たちが問題の本質をきちんと把握していないからではないかと、私はかねがね思っていた。

そのことをふまえた上で、内館氏のいう伝統論を検討してみよう。

伝統文化が異性の侵入を拒んできた例として、内館氏は歌舞伎や宝塚歌劇をあげる。しかし、これらのジャンルが性別を限定しているのは芸能を演じる者であり、相撲でいえば力士や行司にあたるだろう。歌舞伎座の舞台の板に女性を立たせない、という話は聞いたことがない。

女性を土俵に入れないのは伝統芸能の遂行とは別な次元であり、これに対応するのは山や寺社など「聖なる領域」への女人禁制である。その起源が血を流す女性の身体を忌み、汚れとする考えにあることは、いかに否定しようとしても無理ではないか。

さらに、大相撲における優勝力士表彰が、内館氏のいう伝統文化の「核」にあたるのかという疑問がある。私は相撲の歴史についてはまったく無知だが、優勝カップや表彰状などというものが江戸時代に存在したわけはないし、総理大臣や府知事もいなかったのだから、行政体の首長による表彰という行事に、たいした伝統があるとは思えない。

時代の変化に伴って生まれた行事であるならば、新たな変化にも柔軟に応じればいいではないか。

土俵が神聖な勝負の場であるならば、俗界の長に土足で踏み込むことを許したその時点で、その神聖は破られたのではないだろうか。セクハラ元知事が踏んでもゆるがない土俵の神聖さが、女性知事によってゆるがされるとは、女の力も過大に評価されたものだ。

ではこの問題を、どう解決すればいいのか。

ひとつは、女性が首長である場合には、相撲協会が受賞を辞退することである。

そもそも、賞をもらう側が、賞をくれる人の資格に物言いをつけるなど、こんな失礼なことがほかのどこの世界で通用するだろう。

もうひとつの解決方法は、もちろん首長の性別にかかわらず礼をもって表彰を受けることだ。まず決断をすることが解決の第一歩である。

この問題をきちんとせずにごまかし続けていくならば、いずれ国際問題になることも覚悟しておいた方がいい。大相撲に賞を出している外国大使館の大使または担当官が女性になって、自ら授賞を望んだ場合、彼女たちの申し出を拒否する「説得力のある理由」を示すことができるだろうか。

くりかえしていうが、問題の核心は伝統ではなく、公務の遂行をいかに保証するかということである。

〔『朝日新聞』二〇〇一年三月二九日朝刊〕

この二つの論文の争点は「女性が大相撲の土俵に上がることの是非」である。二人の主張と論点・論拠の妥当性はどうか。また論理の展開はどうかについて、考えてみることにする。

4　内館論文の主張と論点・論拠

本論文の主張は「土俵上の女人禁制は伝統であり、守られるべきである（核を守る）」ということだ。論点は一つ、〝伝統〟である。〝伝統〟も時代によって少しずつ変化するが、その〝核〟をなす部分については当事者の考えに委ねるのが、部外者の見識というものであるとしている。つまり、

論点＝伝統

論拠＝伝統の核は守られるべきである

という主張である。ただ伝統というのはあくまで抽象的な概念であるため、一般人に分かりやすいような具体例が必要となる。そこで内館は例として、①歌舞伎の女形、②宝塚歌劇（男役）を挙げ、これらの舞台を男女平等にすると、その時点で、それぞれが、それぞれでなくなると説明した。

以上に続いて、太田知事を土俵に上げない決定に賛意を表し、それは伝統の領域で男女差別には当たらない、男だけで担うのが大相撲の核をなすものであり、女人禁制もまた、その核の一つだと当事者が考えているにほかなるまい、としている。さらに、部外者は伝統の文化の核に触れることへの畏怖をもつべきだ、とも言っている。

そして結論は、大相撲に限らず伝統文化の何を守り、何を打破するか、冷静・冷徹に考えたいということである。

5　秋山論文の主張と論点・論拠

本論文の主張は「土俵上での表彰は公務の遂行。問題の核心は伝統ではなく、公務遂行の保証である」としている。秋山論文の場合は論点が複数あり、従って論拠も複数ある。内館論文への反論であり、内館の主張を一つ一つ論破しなくてはならないので、必然的に複数の論点・論拠が必要となったのであろう。

秋山の論点と論拠は次の通りである。

論点(1)　太田知事が土俵に上がるのは公務である。

論拠①　府民に選ばれた首長が（その公務を）性別で妨げられるのはおかしい。

論点(2)　内館氏の例①②は間違っている

論拠②　演技者＝力士

板＝土俵

女性でも歌舞伎座の舞台に立てる。演じることができる（歌舞伎の演技はできないが舞台に立って歌やその他の芝居を演じることはできる。注・筆者）。太田知事は表彰するために上がる。相撲をとるためではない。演じるためではない。

論点(3)　女性を土俵に入れないのは伝統芸能とは別次元だ。

論拠③　「聖なる領域」への女人禁制。有り体にいえば、「女性の血」であろう。

論点(4)　大相撲の表彰は「伝統文化の核」にあたらない。

論拠④　優勝カップや表彰状など江戸時代からあったわけではない。

論拠⑤　当時は総理も知事もいなかった。

結論　問題の核心は伝統ではなく、公務の遂行の保証である。

6　主張と論点・論拠の進め方

まず本稿の目的は両者の正否・優劣を論じることではない。冷静に主張と論点・論拠、筋の展開について分析するのが目的である。両者の論争は、筆者の知るかぎりでは、この後、新聞紙上で行われたことはない。ただ内館は、二〇〇四年十月二二日の日本経済新聞夕刊の「もう一度キャンパス」欄で、東北大学大学院に入学したことについて「『土俵を守る』の一念で」というコラムを書き、秋山論文にはふれていないが、女人禁制にかかわる話に言及している。また、大学院終了後、二〇〇六年十一月『女はなぜ土俵にあがれないのか』（幻冬舎新書）を出版、その中で秋山への反論も含めて「土俵」に対する彼女の知見を論述している。

今回はそうした寄稿文や書物の内容には触れず、ただこの二編の議論についてのみ検討する。

内館の主張は「大相撲の女人禁制は伝統の核であり、守られなくてはならない」ということだ。しかしいくら伝統を言い立てても、これは抽象的概念であるから論拠としての共感性が弱い。それは内館にもよく分かっているので、一般市民が了解しやすい歌舞伎の女形や宝塚歌劇のあり方（男役）を具体例として挙げたのである（対話的原理の活用）。その後は、事の決定は当事者が決める、部外者は伝統に畏怖をもてと言うのだが、「二一世紀は女の時代だ。新しい形だ、変革だ」と考えているむきには通じない。最後は相撲協会の回答に批判を寄せ、「伝統文化の何を打ち破り何を守るかは冷静に冷徹に考えたい」と、当たり障りのない結論で矛を収めている。

一方、秋山はすでに論じられた論述に対する反論であるから、内館の言説の弱点を攻めればよく、有利であると言えるだろう。秋山は論点を複数用意し、それぞれに納得できる論拠を配置した。

まず秋山は「土俵上の表彰は公務の遂行である（それ以上でも以下でもない）」と主張する。府民に選ばれた首長が、府民の委託を受けて公務を執行しようとして、性別を理由にそれを妨げられる。その不条理を論証するために複数の論点と論拠を示していく。その一つ一つが具体的で〝客観的事実〟であるから、強い。誰もが納得しやすい。

特に歌舞伎や宝塚の場合は演技者であり、女性だからあの舞台に立てないということはない、というのは強いインパクトがあった。伝統といっても優勝カップや表彰状が江戸時代からあったわけではないとか、土俵が神聖な場所ならセクハラ元知事が踏んでも揺るがないそれが、女性知事によって揺るがされるとは、女性の力も過大に評価されたものだと皮肉ったりして、読み手の共感を誘っていく。

以上の論点・論拠より更に強烈なのは、論点(3)と論拠③である。有り体に言えば「これでしょう」というのが、秋山ならずとも、誰もが密かに思うところだ。伝統という言葉は美しいが、この秋山の論拠③の前ではキレイゴトに映ってしまう。

秋山は言う。女性が表彰者の場合は受賞を断ったらどうだ。もらう方がくれる方の資格に物言いをつけるなんて、こんな失礼なことはない。これには、ご説ごもっともと思う人も多いのではなかろうか。結論は「伝統ではなく、公務の遂行をいかに保証するか」ということだと、秋山は言う。

ここまで読んできて分かるのは、内館の論点「伝統」と秋山の論点「公務の遂行」は決して交わらない。従ってどちらが正否かという評価はつけがたいし、またつける必要もない。

なおこの両論文が掲載された三年後の、二〇〇四年五月七日、日本相撲協会の協力を得て生沼芳弘・東海大学教授らが大阪場所の来場者に「セレモニーで女性が土俵に上がることの賛否を問うアンケート」を実施し、その結果を発表した。翌八日の朝日新聞の報道によると、

回答者二七五名（女性一一七名）のうち
全く反対・一〇八名(うち女性三四名)
どちらかというと反対・六四名（うち女性三五名）
全く賛成・四八名（うち女性十八名）
どちらかというと賛成・五五名（うち女性三〇名）

反対＝六二・五％。賛成＝三七・五％。女性が土俵に上がって表彰することに、二〇〇四年現在の地元大阪の客は抵抗があるようであった。

第２節　論文の知識

１　論文の形

一般的な意味での論理的文章について見てきたが、ここで念のため、いわゆる論文とはいかなる

ものか、その性格と形について見ておきたい。

論文の形については、すでに第5章の「(2)構成法」で述べた。簡単に復習すると、論文とは〝問い〟に対する〝答え〟であり、それは問題に対する解答を文章で述べたもので、その問題から解答に至る道筋に〝調査・研究〟という営みがあるというものであった。

そもそも論文とは、研究者がその専門分野において自らの問題意識を動機として、自分自身に問題(研究課題)を課しそれについて調査研究して知見を得、その解答(成果)を文章にして社会に発表し、評価を得るというものである。論文のために、つまり何かを書くために研究するのではなく、すでに成し遂げた研究の成果を発表するために書くというものだ。この順序、つまり問題・調査研究・解答(問題提起・知見・成果)が、文章になったとき序論・本論・結論となり、論文の形になるということだった。

2　論文の問題

高度な学術的論文はともかくとして、例えば学生や一般人などビギナーの論文・レポートは、指導教員や上司、取引先などから与えられた課題に応えるという形でスタートする。また学者・評論家でも、新聞・雑誌などの依頼、つまり課題を受けて寄稿論文を執筆する場合がある。これらの場合、与えられた課題の中で、自らが論じるテーマを自分なりに設定することになる。

例えば「日本プロ野球の活性化」という課題が与えられた場合、論じるべき範囲は広く、その全てを視野に入れた論述は不可能である。そこで論者Aは〝試合システム改革〟に範囲をしぼり、〝全試合セパ総当たり戦〟という話題（論題）を設定する。彼の主張は期間を区切った交流戦ではなく、わずか十二球団しかないのだから、シーズンを通して総当たりとし、順位はセパそれぞれの一位がそれぞれの優勝とし、改めて日本シリーズを行うというものである。相手チームが一気に倍になるので、投手起用に工夫がこらされ、打撃陣も技術の向上に熱中し、総当たりにより、人気チームと不人気チームの格差も縮まるだろう、というのである。

このように、与えられた課題の中で自らが論じるべき範囲を設定することを〝課題の範囲の限定〟と言っているが、このことは即ち自らが〝問題〟を作ることである。いずれにせよ論文の問題は書き手自身によって作られると考えて差し支えない。

論文の問題の一つは〝問題を提起する〟という姿勢をとり、もう一つは〝仮説を立てる〟という形になる。

〝問題提起〟とは各界・各分野において解決・研究・批判・討論・処理などを必要としている事象事態をアピールし、自らの知見をもとに自説を論じようとすることである。例えば今述べたプロ野球の〝セパ全試合総当たり〟の提案とは、論者Aの〝問題提起〟そのものである。

〝仮説を立てる〟とは、未だ確証のない事柄を仮に提示して、自らの知見によってそれが真であることを証明しようとするものである。この形は、論文が常に自発的な問題意識と、それを動機とした調査・研究によって得た知見の発表であるという基本に由来している。論者Bが〝プロ野球の活性化〟を論じるとして、例えば、〝日韓台によるアジアリーグの発足〟が実現したと想定し、その可能性と実益を日頃の研究成果に基づいて論じるとすれば、これもまた論文の形式にそった論述となるのである。

3　知見

知見とは、分かりやすくいえば、調査・研究による知識とそれによって得られた見解・見識である。資料の渉猟、文献の解読的読書、研究対象に対する観察・調査・実験などによる情報とそれから生まれた自分自身の意見、あるいは対象に対する確固とした判断力といったところだろうか。

これらが問題提起したテーマの論拠となり、あるいは仮説の証明（根拠）となって、論者の議論を説得力のあるものにするのである。資料の渉猟、文献の探索は自らのテーマがすでに先人の誰かが手掛けたものでなかったかどうか、それを知るためにも必要である。課題の開発は常に独創的・独自的である必要がある。せっかくの努力も先人のテーマと重なるものであっては無意味というものだ。ただ、テーマは同じでも視点の当て方、論点の違いによって全く異なる議論を展開することは可能である。そのためにも資料の渉猟・文献の探索と解読的読書は必須である。

論文の身上は事実に立脚した上での自説の展開である。従って、観察・調査（フィールドワーク）もまた重要で、事実が仮説を証明する根拠となり、問題提起を支える論拠となる。フィールドワークによって、想定していた仮説がゆらいだり、問題の所在を修正する必要に迫られる場合もある。これらは、自らの知見形成に重要な影響を与える作業だと認識するべきである。

4　成果

成果は知見を得た後で訪れる。ここで論者独自の主張が誕生するのだ。論文は常に、他にはない論者＝書き手の独創的かつ独自性のある論議の展開であってほしい。

論文はあくまで研究の成果を文章にしたものである。論文を書き始めるときは、すでに結論は決まっているのだ。ということは、書くときはもう全てが終わっている。その仕上げが執筆であると考えるべきだろう。全体が全て書き手の視界の中にある。そのとき、真に優れた論文が出来上がるのである。

ここまで便宜上、研究という言葉を使ってきた。すでに述べたように与えられた課題に応え、その中で〝課題の範囲を限定〟し、自説を構築・展開する作業も、この〝研究〟という言葉の中に含まれていると考えてほしい。

5　論文に必要な諸要素

論文はタイトルからあとがきまで、一定の形式を整えて書かなくてはならない。それは次のような要素によって構成されている。もっとも、すべての論文がこの通りに行われているとは限らない。省略可能なものには★印をつけた。

① タイトル（表題、題名）
② 書き手の氏名（所属機関の明記、学生の場合は学部・学年・学籍番号など）
★③ まえがき
★④ 要約文
⑤ 目次
⑥ 本文（序論・本論・結論）
⑦ 図表
⑧ 注（各章末、本文最後部など）
⑨ 文献表
⑩ 索引
★⑪ 付録
⑫ あとがき

以上であるが、これを序論・本論・結論から成る論述部と、目次その他の付属部という二つに分けて見ていくことにする。

6 論述部の技法

論述部は序論から始まる。序論は問題を立ちあげるところである。論文の問題はすでに述べたように〝問題提起〟あるいは〝仮説を立てる〟という形で行われる。しかし一般的な論理的文章の場合は、書き手がこれから論じようとする内容を規定し、テーマ、主張、論点を明示して本論に入っていく場合もある。先の内館論文も伝統に対する彼女の考え方から論を起こしているし、秋山論文も土俵の女人禁制は女性の権利の問題だと、これから展開する自説の要旨を述べている。これらの他に序論は、自らが取り上げたテーマの背景、動機、理由、経緯など、なぜこれについて論じるのかを述べる場合もある。

本論は、自らが提起した問題について調査研究して得た知見を述べるところである。その主張は確かな事実によって証明され、論理的で説得力のある論議でなくてはならない。本論は普通、幾つかの章によって構成されている。章は節に分かれ、必要なら節の中に項が設けられる。節ないし項は幾つかの段落によって区切られる。段落は思考のまとまりであり、論議を進める基礎単位である。論文の段落は意味段落であるべきである。

結論は、本論において展開された論議に基づいて論述される。同時に結論は、序論において提起された問題に対する解答でもある。従って結論は、序論で提起し本論で述べた論議の範囲を超えた新しい論議を展開することはない。序論と結論は整合しなくてはならないということである。

7　付属部の定法

付属部は〝まえがき〟から〝あとがき〟まで、本文を書くことによって派生してくる諸要素と、タイトル、氏名などの表示部分からなっている。この中には必要なものと論文の内容・性格によって不要なものがある。

①タイトル（表題、題名）

論文、論理的文章のタイトルは、小説や随筆のように凝ったり、ひねったり、暗示的であったりする必要はない。内容を端的に示すようなものであってほしい。ただ読み手を深く洞察して、思わず引きつけるような表現感覚がほしいことも事実である。

②氏名

③まえがき（はじめに）

その論文に対する思い、書くに至った経緯、内容への感想などを述べる。書物や長文の論文ならともかく、普通は必要としない。

④要約文（サマリー）

読み手に内容の概略を知らせる。これによってその論文の目的・主張の輪郭がわかる。

要約文はそれ自体で独立したもので、序論とは別物であり、目次の前に設けられるのが普通である。必ずしも必要とはされないが、五〇枚をこえる論文では四〇〇字前後、二〇〇枚をこえるものとなると二〇〇〇字程度の要約文がつけられる。懸賞論文などでは出題者から義務づけられることもある。

⑤目次

目次は論文の骨格である。読み手にとってその論文の内容を推察させる水先案内である。学術論文や学会誌、紀要、応募論文などには必要であるが、二〇枚程度のものには必要ない。

目次はまた、書き手にとって論文の構成を具体化するもので、その設計は重要である。書く前の設定、書き上げた後の修正などの作業が必要となる。

⑥本文

⑦図表

図は一定の形状をもって情報を視覚的に伝達しようとし、表は文字や数字を配列することによって、情報を整理・比較し、事実認識を容易にしようとするものである。

文章はすでに述べたように一字一句コツコツと書き連ねていくものであり、読む場合もまた一字一句読み進めていくものである。一文に複数の情報を盛り込むことはできず、一目で全文を瞬時に読む解くこともできない。この弱点をおぎなうのが図表の役目だ。図表は文章の内容を俯瞰的に素早く把握することができる。また比較も容易だ。そういうことで図表は複雑な内容の文章、あるいは数字がかかわる論文・レポートなどで使われる。図表は、いわば文章を補助する〝空間的伝達〟とも言えるものである。

〝図表一覧〟という図表の目次を目次頁の後に設ける場合もあるが、普通は特に必要とはしない。

⑧注

注は、本文中の話の流れにともなって派生する説明を、本文中に引き入れることによって生じる文脈の混乱・煩雑を避けるために付す。

注には二つの種類がある。一つは本文中の特定箇所について説明を補足しようとする場合。もう一つは、本文中の引用や資料・材料の出所・出典を明らかにする場合である。これは、その注の部分が自分独自の研究成果ではなく、他人のものであることを明らかにするために是非とも必要なことである。それが引用であることを明記しないと、盗作・剽窃となる場合がある。

参照した文献に他から引用しているものがあり、それを自分が再度引用する場合を〝孫引き〟という。これはなるべく避けるようにする。できる限り原典に当たり、そこから引用するようにする。原典の入手・閲覧が困難な場合は、それが孫引きであることを明記しなくてはならない。

注の記入は文末とし（注1）とか（＊1）といったようにする。注の説明は章末あるいは巻末に入れる。これを〝後注〟という。その他に当該箇所のすぐそばの欄外に入れる〝脚注〟、当該箇所につづいてマル括弧（ ）を設け、その中に小さく二行で入れる割注などがある。

⑨文献表

論文執筆にあたって参考にした文献については、巻末にその書誌情報を列記し、読み手の参考に供する。

具体的には、参考文献または主要参考文献というタイトルを付し、①著者名②『書名』③出版社名④出版年（初版年）とする。配列は、著書名による五〇音順が原則であり、翻訳書の場合には著者名のアルファベット順に配列することもある。なお、翻訳書の場合、著書名のあとに訳者の氏名をマル括弧で囲んで入れる。

新聞・雑誌の寄稿論文や記事の場合も上に準じる。

⑩索引

索引とはその論文中で言及した重要事項や人物名の、本文中の所在（頁数）を示すものである。索引は目次と対の関係にある。目次がたとえば、森や林の大ざっぱな区分を示すものだとすると、索引はその中の重要な木の一本一本の在りかを教えるものである。

二〇～三〇枚の小論文やレポートでは、必要のないものである。

⑪あとがき

論文執筆に至った経緯、指導教員、取材先などお世話になった方々への謝辞、自作への思いなどを述べる。

第3節　レポートの知識

1　レポートの種類と概念

ひと口にレポートといっても、その範囲は広く、意味するところに微妙な違いがある。

まず基本的には「与えられた課題について調査・取材・研究をし、その結果を報告する」というものである。これは企業や研究所、公共機関、その他の諸団体で行われている一般的なレポートの概念だ。ここでの報告は、書き手の主観を混じえず客観的事実のみを冷静に記述する。しかしどうしても報告者が自説を述べたいときは、「これは私見であるが」と断って、自身の考えを記述することになる。これを調査・報告レポート(research report)と言っている。

次に各組織体において、その活動を活性化させ進展させるための提案文や意見文など、提案者の思考・主張・提言を行う文章もまた、レポートという言葉で呼ばれることがある。この場合は、課題が与えられることもあるが、全く自発的なケースもある。これには当然、事実を論拠とした提案者の主観（主張・意見）が入ることになる。これを提案レポートと呼ぶことにしよう。

最後に大学において学生に課せられるレポートがある。これは主に学期末に試験の代替として教員から課題を与え、それについて書かれた学習レポート、いわゆるタームペーパー（term paper）である。これはその期間に学習したことを前提に、教科書や参考文献を参照して学生自身の意見を述べるというもので、これは当然、主観的な文章になる。他にゼミなどで卒業論文とは別に、学生自身の自発的な発想による調査・研究の結果、多少なりとも独自の知見を得て執筆する研究レポートというのもある。これは卒業論文の習作といってもよいかと考えられる。

このように、日本語でいうところのレポートには、一つではくくりきれない色々な性格・内容がある。従って、事の状況や場、事情を勘案して解釈し、そこで求められているものに応えていかなくてはならない。

レポートとは別ではあるが、世界各地のあらゆる出来事を現場から報告するルポルタージュ（「レポート」に対応するフランス語に由来）、〝報告文学〟と呼ばれているジャンルもある。ここではルポライターが、現地取材で得た事実に自らの主観・意見を加えて報告する。ルポルタージュは書き手の視点が重視され、彼の個性が色濃く投影された主観性の強い〝現実の報告〟となる。

2 レポートの構成

レポートの構成は、論文と同じように序論・本論・結論となるのが原則である。調査・報告レポートを例にとって見てみよう。

レポートは与えられた課題に応えるのを目的としているから、序論の役割は、出題者がどういう要求をしているかを確認することを第一とする。つづいて、その問題の所在（論点）を明確にし、背景を説明、どういう方法で調査したかを記述する。

本論は調査の進行に従ってその内容を説明。記述にそって写真、図表などを加えてより伝わりやすく報告する。事実を曲げることなく客観的に、〝あることをあるがまま〟に冷静に伝える。ここで解釈・解説を加えるときは、あくまでそれが「私見である」と断る。これを「事実と意見の分別」と言っている。

結論は本論で述べてきたことのまとめが中心になる。事実に裏づけられた結果、数字が示すところからくる傾向、全て事実に忠実な総括を行う。私見による結論は控え、それを行うときは〝事実と意見の分別〟を行う。

これに比べて提案レポートは、序論で問題の所在、本論で提案の理由を支える事実の提示と、それについての解説・解釈、結論での自説の開陳となる。

学習レポートや研究レポートは、論文の構成内容に準じて問題提起・知見・成果の形をとる。

3 調査報告レポートを読む

◆商店街の活性化を握る鍵、

「フォレスト」の人気の秘密は？

東急東横線・元住吉駅の西口を出たブレーメン通り商店街を抜けると、カフェ「フォレスト」がある。駅から徒歩15分という場所に位置しながら、2年前の開店以来、着々と客足を伸ばしている。ブレーメン通りは、数年前から商店街の活性化に力を入れているが、「フォレスト」のような人気店が増えていくことが一番の近道ではないかと考えられる。そこで、何故「フォレスト」の客足は良いのかを、客層・メニュー・内装などを中心に、独自の観察と店のオーナーへのインタビューをもとに検証した。

圧倒的な割合を占める主婦層

図1は、お店に通うお客が誰と来ているのか、をおおよその割合で示している。「女性数名」が40%と半数近くを占めており、「女性単独」の25%と合わせると、店の客層は女性のみのお客がほとんどを占めていることがわかる。「家族連れ」の20%は、主に親子で来たお客を指す。次いで、「男性数人」は10%、最も少ないのが「男性単独」の5%。男性のみの割合は、合わせても15%ほどしかない。全体の男女の比率は女性が8割、男性が2割だそうだ。

図2では、年代別の客層の割合を示している。最も多いのは「40代」の30%で、「50代」の25%が後に続く。図1と照らし合わせてみると、「フォレスト」の客層の半数以上は、40代~50代の女性が占めており、その多くは女性数名で来ていることが分かる。次いで、「30代」が20%、「20代」が10%、とくに平日の昼間はベビーカーを引いて来る主婦が多いそうだ。最も少ないのが「10代以下」の5%。「10代以下」は、週末に親と同伴で来る子供の割合がほとんどだという。

図1と図2から、「フォレスト」の客層は40代~50代の女性が中心となっていることが分かった。これは元住吉が住宅街であることや、その年代の生活スタイルに関係していることがいえる。主婦層が週末ではなく平日の昼間に集中するのは、子供や夫、家事から一旦手が離れる時間帯だからと推測できる。「フォレスト」は、主婦にとって家事から開放される唯一の憩

いの場なのだろう。

豊富なメニューと手軽な価格設定

図3では、「フォレスト」のメニュー構成を示している。ブレンドコーヒーやエスプレッソなどの「コーヒー」が18種、ダージリンやアールグレイなどの「紅茶」が7種、リンゴジュースやミルクなどの「その他（のドリンク）」が8種で、メニュー全体から見たドリンク類は合計33種。店頭には、コーヒー生豆を約60種類ほど置いており、100グラムから購入できる。お店はコーヒーのオーダーを受けてから豆を自家焙煎。いつでも新鮮な煎り立てを楽しめるのは高ポイントだ。

一方、クロワッサンやサンドウィッチなどの「パン」は22種、ケーキやワッフルなどの「洋菓子」は10種で、ベーカリー類は合計32種、とドリンクとほぼ同数。しかも、クロワッサンは毎日お店で焼いているので、いつでも焼きたてをいただくことができる。コーヒーもクロワッサンも常にフレッシュな味わいを楽しめるカフェはあまりない。

「季節のメニュー」は、かき氷のみで7種もある。大人の好むコーヒー中心のメニューに固執せず、子供客を意識したかき氷を取り入れるなど、お店の柔軟な姿勢もまた、客足を伸ばしているポイントだということが見えてきた。

価格はブレンドコーヒーが250円と、自家焙煎の割には安い。クロワッサンも130円～220円で、お店の焼き立てということを考慮すれば、かなり安いほうだと言える。もし、同じメニューで東京・銀座や表参道などのおしゃれなカフェと同じ価格で提供していたら、客足はとうに離れているだろう。手軽な価格だからこそ、お客は何度も気軽に足を運べる。「フォレスト」は地元住民の憩いの場としてふさわしい条件が揃っている。

実用的なスペースを確保した店内

「フォレスト」は内装もユニークだ。カフェ入口横に、お持ち帰りのお客専用の窓口があり、コーヒーはもちろん、窓口に設置されたショーケース内のベーカリーが選べる。パンを1個だけ買いたい、という時でも気兼ねなく立ち寄れる。また、オープンテラスもあるのでペットの散歩がてらコーヒーが飲める。カフェでペットと同伴できるのはポイントが高い。

店内の客席（写真1：本書では省略）は、木目調で統一。道路に面した壁は全面ガラス張りなので店内が明るい。全体の面積は約30坪で、4人掛けテーブルが5（20席）、2人掛けテーブルが3（6席）、カウンターが6席、ゆったりと配置されている。各テーブル面積も広く、隣のテーブルとは30㎝以上離れている。イスはクッション性があり、背部が長いので座り心地が良い。通路はベビーカーが通れるほどの広さをとっている。天井は、テーブル席側を吹き抜け風にして客席に奥行きと広さをもたせている（写真2：本書では省略）。落ち着ける空間でありながら、主婦のお客を意識した実用的な広さに計算されている。

まとめ

調査結果から、「フォレスト」の客足が良いのは、客層の大半を占める40代～50代の女性を中心に、地元住民の生活に溶け込んだ実用的なメニュー、価格、内装が設定されているからだと分かった。そのため、駅からお店までの距離がさほど重要でないことも見えてきた。

今後、「フォレスト」の〝オリジナル〟を印象付けるメニューを持てば、集客率は今よりさらに伸びると考えられる。「フォレスト」が街の看板店となって、商店街の活性化に貢献できる日も近いかもしれない。

図1

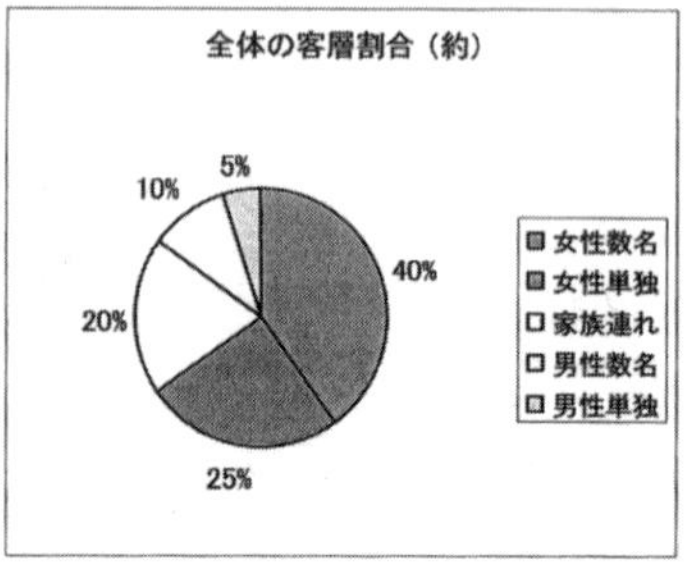

図2

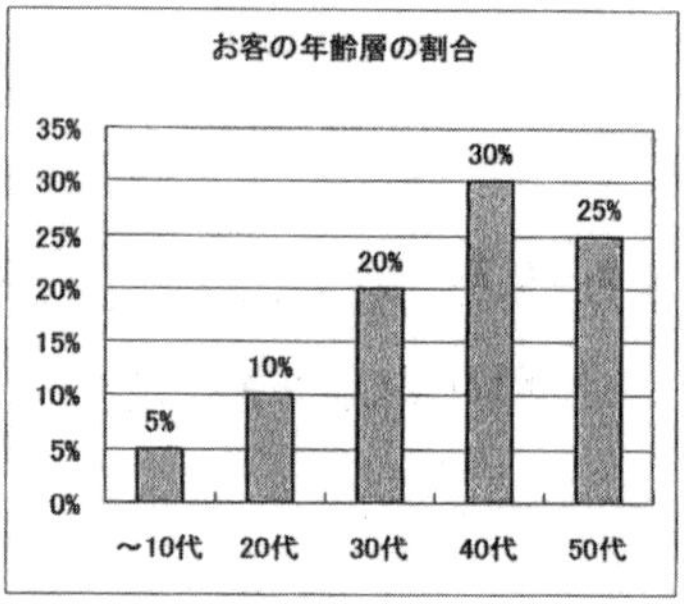

図3

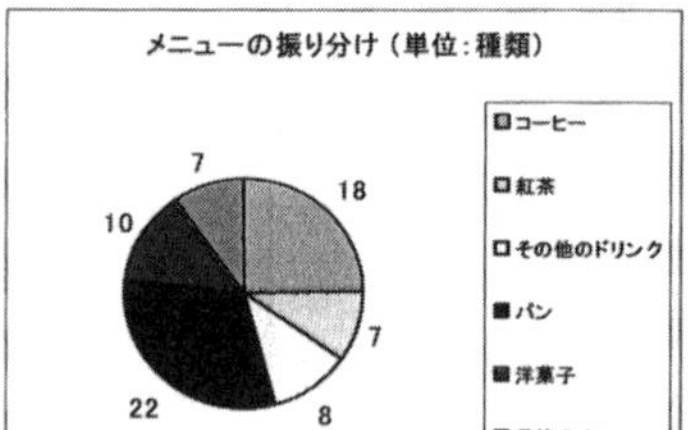

これは、筆者の講座受講生のレポートである。課題は「飲食店をレポートする」というもので、レストランから割烹料理店、クラブ、バー、ラーメン屋、中華料理店、小料理屋など、どういう店でもよい。テーマも自由に設定して、事実を事実として客観的に、私見・主観を混じえることなく報告するというものである。この場合のテーマの自由とは、味、顧客層、料金、同業他店との競合状態など、何をテーマにしてもよいという意味である。

「フォレスト」というカフェの、地域における人気の秘密をレポートしたこの書き手は、客層、メニュー、内装をテーマにオーナーへの取材も加えて、一部に主観らしきものを混じえてはいるが、ほぼ完璧に近い調査報告レポートに仕上げている。

序論で立地、環境（活性化を目指す商店街）、開店からの年月など、フォレストの背景を述べ、つづいて、このレポートの目的と方法を明示。本論では序論で述べた三つのテーマを、それぞれ見出しを立てて分割し、図を説明する形で伝達性に配慮した記述を進め、読み手の理解を促進。結論は〝まとめ〟として、事実を冷静に報告している。序論・本論・結論、それぞれの役割をフルに生かして、メリハリのきいたレポートである。多少の主観・意見を混じえてはいるが、調査の結果からすれば自然の流れとも言えることで、全体的に完成度の高い調査報告レポートになっている。

第4節　知的散文の文章

1　伝わる文章を書く欧米の知恵

論理的文章の方法について述べてきたが、それも含めて、知的散文の達意性を保持する文章の方法について、考えておきたい。

論理的文章は論点を明快にしてそれを支える論拠を示し、筋を通して自らの主張を述べるものである。その主張を意味ごとに区切って段落として積み重ね、論議を展開していく。その区切りを、我々は意味段落と呼んできた。

この意味段落に近い欧文の考え方がある。パラグラフだ。意味段落とパラグラフは「意味のまとまりからくる文章のひと区切り」という点ではよく似ている。さらに、その意味のまとまりの積み重ねで論理的な文章を構築していくという点でも、よく似ている。しかし、その内容の構成、つまり〝まとまり〟の中身において、両者は異なる面をもっているのだ。

知的散文が目指すものは、伝わりやすい文章、〝達意の文〟を書くことである。それの実現に、このパラグラフの意味段落と異なるところが役に立つ。詳しく見てみよう。

2　パラグラフ

パラグラフ（paragraph）は、我々の感覚からすれば意味段落である。ただこの段落には、この段落の中で〝何を言うのか〟を明快にするトピック・センテンス（topic sentence）がある。パラグラフの中心となる話題（topic）を語る〝中心文〟である。

次にこのトピック・センテンスを支えて文章を展開するサポーティング・センテンス（supporting sentence）がある。これを〝展開文〟と呼ぶことにする。トピック・センテンスを具体的に説明する文章である。サポーティング・センテンスには、その一部として、コンクルーディング・センテンス（concluding sentence）が含まれている。〝締めくくり文〟と訳している。

コンクルーディング・センテンスはそのパラグラフ内の結論を示したり、ときには次のパラグラフに内容を連結したりする仕事を受け持っている。くどいようだが、この〝締めくくり文〟は、あくまでサポーティング・センテンスの一部である。

段落内での話題を示す中心文（トピック・センテンス）と、それを助けて内容を説明する展開文（サポーティング・センテンス）からなる段落。それがパラグラフというわけだ。我々の意味段落には、このパラグラフのような中心文と展開文で段落を構成していくという〝意識〟がない。そこが両者の違いである。

3　トピック・センテンス

トピック・センテンスは、そのパラグラフが「何を言うパラグラフなのか」を鮮明にする文で、話題の中心を示すものである。

中心文であるから、トピック・センテンスはそのパラグラフを支配する。従って中心文はそのパラグラフの冒頭にくる（重点先行文）のが普通である。これによってこのパラグラフの主張が明確になり、書き手の言いたいことが最初にはっきりする。このことは特に重要である。文章の始まりと同時にその目的や方向、内容、結論が鮮明になり、読み手に問題の在りかを明らかにして伝達性の高い論議を展開することができるのである。

しかし、中心文が常に文章の最初にくるとは決まっていない。ときにはパラグラフの中ほどに位置することもある。また最後部にくることもある。特に日本文の場合、構造的な特性からその位置が定まりにくいところがある。

余談ではあるが、トピック・センテンスは各パラグラフの話題の中心となる文であるから、トピック・センテンスだけを読んでいけば、その文章のおおよその内容や主張を知ることができる。これをパラグラフ・リーディングといい、速読の一つの方法として活用する人たちもいるということである。

4　サポーティング・センテンス

トピック・センテンスで明示されたそのパラグラフの中心話題を、具体的に展開するのがサポーティング・センテンスである。トピック・センテンスの支配を受ける文章であるから、その内容は当然、トピックの範囲内に限定して行われる。つまり、トピック・センテンスと異なる話題や反対意見などは取り上げられないのである。

サポーティング・センテンスはまた、その話題の〝締めくくり〟や次のパラグラフへつないでいく連結役を果たしたりもする。コンクルーディング・センテンスだ。締めくくりとは、そのパラグラフ内の結末・結論であり、連結とは、話題を次のパラグラフに橋渡ししたり、直前の話題を受け取ったり、前後のパラグラフを論理的に関係づける作業である。

コンクルーディング・センテンスは、あくまでサポーティング・センテンスの一部であって、独立したセンテンスではない。場合によっては、ないこともある。

5　米沢コラムを読む

パラグラフの説明は具体例がないと、理解しにくい。かといって長文の論文でそれを示すことは難しい。ということで例文の採用に悩むのであるが、嬉しいことに、ここに最適の一例を見つけることができた。世界的物理学者・米沢富美子(2)が、一九九九年十二月八日の日本経済新聞夕刊に寄稿したコラムである。

短く簡潔明快、パラグラフ方式のお手本のように書かれた本コラムは、掲載時からいささか時間が経過しているが、それによってパラグラフを知る具体例としての負が生じるものではない。筆者は貴重な例文となる珠玉のコラムだと思っている。

本コラムは五つのパラグラフから構成されている。次の説明に従ってトピック・センテンスに赤線を、サポーティング・センテンスはそのままで、コンクルーディング・センテンスは青線を入れて読み進んでほしい。

第一パラグラフは、最初の三行がトピック・センテンス。それにつづく「人間が」以下がサポーティング・センテンス。そのうちの「正しい方向へ……」から最後までがコンクルーディング・センテンスとなっている。これはこのパラグラフの結論である。

第二パラグラフは、最初の四行がトピック・センテンス。終了前の五行がコンクルーディングで、これは次のパラグラフへの連結役を果たしている。

第三パラグラフは書き出しの二行目の下の「そういう気持ちで」からの四行がトピック・センテンス。後はサポーティング・センテンス。コンクルーディングはない。

第四は最初の三行がトピック、後がサポーティング。

第五は書き出しの五行がトピック、後がサポーティングとなる。

読み終わったところで、赤線のところだけを読み返していくと、当然とは言いながらも、見事に本コラムの内容が要約されて読み通せるではないか。まるでマジックのようだ。

というわけで、ごく短いコラムであってもパラグラフ方式は可能であり、また達意性に優れた文章が出来上がるという好例である。米沢は学者として多くの論文を手掛けてきている。その経験

あすへの話題

研究テーマ

米沢　富美子

　私の専門である物理学においては、研究テーマを見つけるのが最も重要な仕事の一つである。人間が持つ能力や時間は有限だから、効率よく働くには無駄打ちを避けるのが一番の方法である。正しい方向へのテーマを選べば、それだけで仕事の半分はすんだと言っても過言ではない。

　私がいつも心がけているのは、近い将来に注目を浴びるであろうテーマを探し出すことだ。現在流行のテーマで、仮に世界で千人の研究者がその問題に取り組んでいるとしたら、千一人目の研究者としてその戦列に加わっても、あまり意味がないと思う。その分野の研究者が今は十人しかいなくても、五年後には百人、十年後には千人になるような、そんなテーマが見つかれば最高だ。

　自分で新しいテーマを作って育てることもできる。そういう気持ちで数年前に「複雑液体」の研究を提唱し、文部省科学研究費重点領域研究に応募した。最初の年は次点で残念な思いをしたので、それから一年の間は研究室に非常事態宣言を敷いて説得力のある成果を出し、翌年には無事採択された。

　このプロジェクトでは、日本中の研究者百人近くを組織して三年間研究を進めた。その結果、世界をリードする研究成果をいくつか出すことができた。昨年ドイツで開催された関連の国際会議では、二百五十人の参加者のうち、日本人研究者は五十人で、そのほとんどがこのプロジェクトの仲間だった。私も招待講演をし、われわれのグループの仕事や日本全体の研究の、この三年間の成果を発表した。

　日本からの研究成果は高く評価され、常任委員会では、「次の会議は日本で開催」と全会一致で決まった。三年に一度の会議なので、次は二〇〇一年。二十一世紀の最初の年に、慶応大学理工学部の新しい会議場で開くこの国際会議のための準備が、いよいよ忙しくなってきた。

（慶応大学教授）

が、ごく自然にコラムにも生きているということだろう。それにしても見事であり、大変参考になる一文である。

■知的散文の演習

意見文を書いてみよう

新聞の中から、自分の感性や知性を刺激した記事を見つけて、自分なりの意見文を書いてみよう。字数は一二〇〇字、ワープロでA４用紙一枚程度。第4章の「やるからには結果を」を参考にするとよい。

■第7章注

（1）太田元大阪府知事のコメント：内館牧子著『女はなぜ土俵にあがれないのか』（幻冬舎新書、二〇〇六年）より引用。

（2）米沢富美子：物理学者。慶応大学名誉教授。アモルファス物質や複雑液体の研究で世界的に著名。一九八四年、猿橋賞。八九年、科学技術庁長官賞。九六年、日本物理学会会長。二〇〇五年、ロレアル・ユネスコ賞。

第8章

文芸散文の方法

ここでいう文芸散文とは、小説や戯曲・シナリオといった、生まれついての才能によるものではない。季節の移り変わりや世の中の出来事、趣味や、人と人との関わりの中で生まれてくる思いなど、自らの心情を自在に語る文章のことを指している。

こういう文章を一般には随筆と呼んでいるが、そう呼ぶと、専門家の独占のように受け取られてしまう。それは困る。随筆とは、生まれついての才能に左右されることなく、誰もが手をそめることのできる文章なのだ。ということで、ここでは文芸散文と呼んで話を進めていくことにする。

文芸散文は知的散文のような、論理的に構成された言葉を武器とする欧米的な文章ではない。大和言葉の流れをくむ、思いのままをペンにまかせて書きつづる自由な文章である。

知的散文とは異なる発想、異なる構成の文芸散文の特徴を見ていくことで、文章の多様性についても考えることにしたい。

第1節　文芸散文の特徴

1　文芸散文の姿

文芸散文の特徴を知的散文のそれと比較しながら考えていきたい。知的散文の中核である論理的文章は、自らの主張を明快にした上で論点を明らかにし、それを支える論拠を示し、書き出しから結論まで筋の通った論議を展開するものであった。論文においては、問題提起、あるいは仮説を立て、それを実証して結論に至るという形をとった。

一方、文芸散文においては、書き出しと結末の間を実証で結ぶ必要はなく、書き手の自在な記述によって進めていけばよい。時には詳しい記述を控えめにして、言葉を省略することによって読み手の想像力を旺盛にする効果を狙うこともある。行と行の間の空白に言葉に表せないニュアンスが生まれて、それが読み手の感興を誘うことなどもある。それだけに読み手の表現に対する参加性が求められるのだが、逆に、それを引き出すような文章でなくてはならないということも言えるのである。

論文においては文章の上手下手よりも、表現の正確さが重視され、意味や言葉の曖昧さや不適切な記述が許されなかった。文芸散文においては、味わい、ニュアンス、レトリックなど、文章の豊かさが求められることになる。

2　情景と心理

論理的文章の核をなすものは論拠の妥当性とその有効な展開であったが、文芸散文において、それらに当てはまるものは何か。それは〝情景と心理〟である。

情景を目に見えるように書く。

心理を手に取るように書く。

具体的に書く、ビジュアルに書く。つまり、書き手の身体と読み手の身体が重なり合って、あたかも読み手が書き手の目を通して読むかのように書くのである。こういうのを〝臨場感あふれる描写〟というのだが、その描写力が大いに必要で、〝情景描写〟〝心理描写〟が大切になる。これこそ、文芸散文の表現力、依って立つところである。情景描写と心理描写の具体例をみることにしよう。

第2節　文芸散文を読む

1　朝倉勇の言葉を読む

朝倉勇(1)の『詩集　神田川を地下鉄丸の内線電車が渡るとき』（歴程社、一九八〇年）を読むことにする。

先に小説や詩は対象としないとしたのに、これでは矛盾ではないかと言われるかもしれない。確かに、これには詩集とある。しかし内容は、いわゆる散文といってもいい文の集積であり、しかもなじみやすい平易な言葉の連なりで、分かりやすいものになっている。いわば詩の形式をとった散文といっても、あながち間違ってはいないのではなかろうか。現に、朝倉は次のように言っているのだ。

彼は巻末の覚書に、通勤（一九七五年当時）で利用する地下鉄が御茶ノ水駅と淡路町駅の間の神田川を六〜七秒で渡るのだが、「ある日、地下鉄電車の窓からふとみた神田川をメモしていました。次の日もたいした意識もなくメモし、こんなふうに三、四日すぎるとそのままメモをつづけてみたいと思うようになりました」と書き、「メモについて考えたことは、いわばカメラを向けてシャッターをひとコマ押す、（中略）目に映ったものを、なるべくすなおに言葉に置きかえること。それが、行分けで書くという点で、詩のようなスタイルになるかもしれない、そんな感じでした」と言うのである。

行分けで書くことで詩のようなスタイルになる〝散文〟。見たことをそのまま素直に置きかえた〝言葉〟。そうした記述が、出来上がってみると、〝情景が目に見えるよう〟に移し取られていることに気づくのだ。優れた情景描写のお手本のような文章になっているのに、驚くのである。

読み手はいつの間にか朝倉と同じ目線をもってしまう。彼の隣に座ったり、その背後に立ったりして、ほぼ瞬間に等しい神田川を彼と同時に見つめるのである。A５判一四九頁にほぼ一八〇編の情景スケッチが並ぶ中から、その数編を取り出すのは困難な作業であるが、勇気をふるって、何編

かを引用することにする。(2)

◆『神田川を地下鉄丸の内線電車が渡るとき』(朝倉勇)

①一九七五年　十月三十一日　金曜日　雨
　川に雨が降っている
　ちりめん模様の鉛色
　だるま船が左の岸に
　沈まんばかりの低い腰

四行目の〝低い腰〟に、船に雨がたまり、その上、水かさが増して静かに揺れているさまが、目に見えるようである。

②十一月四日　火曜日　快晴
　手で話し合っている二人の青年
　地下鉄電車の中の
　およそ静かな対話である

笑い合っている
口はものをいっている
だが
声がきこえない
青年たちは手で語り合っている

川はちりめんのようなさざなみを
左岸近くに帯のようにただよわせていた

目の前の光景を、朝倉は親愛の気持ちをもって見つめている。突然、窓から光が入ってくる。地下鉄が地上に出たのだ。視線移動。この一行の空きがイメージをふくらませる。

③十二月二日　火曜日　はれ　左
　例の四階建ての家のことだが
青いペンキで塗ってあるとばかり思っていたが
きょう見ると
それは黄緑であった

瞬間的に目に入る車外の光景が、記憶を不確かなものにする。朝倉は、幾度か記憶のいいかげんさを書いている。この三日後には、「緑色に塗られているのは壁面の一部で、ヒサシは青いのだ」と言っている。

電車の中で同時進行的にメモしているときと、後でオフィスで書いているときがあるということが、この記述で分かる。いずれにせよ、ここでは外の風景より、地下鉄の中で目を凝らす朝倉自身の情景が目に浮かぶのだ。

④十二月九日　火曜日　雨　九時五十分　右

川の面に
ちいさな穴が
ピチピチあいていた
雨が川を打っている
だるま船が
すぐちかく
聖橋の白いアーチの下にいた
ゴミ満載である
脇にボート

ずうっと離れて
もう一艘のだるま船

雨が川面に落ちるのを、ピチピチ、ちいさな穴をあけると言う。その様子が目に見えるようである。

⑤一九七六年　四月二十八日　水曜日　快晴　十時十分
ジーンズのパンツをはいた若い娘がいる
シャツはもめんの半袖だ
その胸がみごとに隆起している
これが女性だと思う
白いシャツの胸にブルーの女の絵
そしてGITANと書いてある
タバコを喫う年ごろにはみえない
くちびるの左上方に大きなホクロ
下くちびるのほぼ中央にもホクロ
大きなあくびをしかけてあわてて手で口をおさえた

読みかけの本を僕は閉じてしまう
川は沼みたいであった

男はいつも女性を見ている。子細に見ているのだ。読みかけの本をずっと前から閉じていたに違いない。今朝は川もお義理に見ただけだ（?）。なお、gitanはフランス語で「ジプシー（ロマ）」の意味であるが、作者がここで連想しているのはジターヌ（Gitanes）というフランスのタバコの銘柄名であり、そのタバコはブルーの箱に入っている。

⑥七月十九日　月曜日　雨　九時二十分
あら　波がたっているのね
と妻が川をみて言った
船が上っていったんだろう
と僕が言うころ　電車は鉄橋中央にかかり
右窓に上流がみえる
船はついすこし前に着いたばかりで
若草色にぬられたボートが二艘のごみ船を岸において
方向転換をしようとしていた

鉄橋を渡るときいつも川をみてるんだ　と僕が言うと
妻は　そうなの　と言った

最初の二行と後の二行の間の五行は、二人で黙って窓の外を見ていたようだ。妻が「そうなの」と言ったところに、勤めに出る夫、家にいる妻、報告のような説明のような、なんとも言えない夫婦の情景があって、心地よい気分である。昭和の映画の一シーンのようでもある。

朝倉は「目に映ったものをなるべくすなおに言葉に置きかえる」。それを「行分けで書く」と述べている。対象を正確に写しとり、それに形を与えて、詩として成立させようという試みである。従来の概念から離れた詩を体験して、読み手は少し戸惑いながらも目の前の神田川の確かな情景を見るのである。朝倉と共に窓の外を見たり、電車の席に座ったような気分になって、静かな感動を覚えるのだ。

朝倉の記述は具体的である。無駄がない。言葉が平易である。そして、ところどころに、それ単体では普通の言葉なのに、前後の文脈、つまりストーリーの中にあって光る言葉を配置している。例えば①の「沈まんばかりの〝低い腰〟」。④の「ちいさな穴が〝ピチピチあいていた〟」。「雨が川を打っている」。⑤の「その胸がみごとに〝隆起〟している」。⑥の「妻は　そうなの　と言った」。ここでは、夫人の静かな反応に彼女の人柄や二人が作り出す空気感までが伝わってくる。

詩の形をとっているだけに、朝倉の文章は情景描写の素朴な原則を教えてくれる。〝情景を目に見えるように伝える〟こととはどういうことかを示してくれるのである。

2　三谷幸喜の随筆を読む

詩の形式をとった散文につづいて、いわゆる随筆を読むことにしたい。本文は二〇〇〇年四月以来朝日新聞夕刊に連載されている「三谷幸喜のありふれた生活」である（二〇〇八年二月現在も連載中）。その一一九回、二〇〇二年八月十四日掲載のものである。

◆一泊二日、四十男熱海に集合（三谷幸喜）

去年に引き続き、高校時代の同窓会の通知が来た時は、これから毎年やるのだろうか、だんだん新鮮味というか、ありがた味がなくなっていくなあ、と正直思ったものだ。十数年ぶりに同級生が集まった去年に比べて、ノリとしては三十パーセントダウンの感じ。でも高校の友達は僕にとっては特別なものであり、迷うことなく、会場の熱海のホテルへ向かった。

行ったら行ったで、これが楽しかった。今年は幹事さんが頑張ってイベントの嵐。ボウリング大会にスマートボール大会に温泉にカラオケ。なにしろ一泊二日のツアーだから内容は盛り沢山《だくさん》だ。

参加者は二十人。担任のN先生は今年も出席。去年先生のことをエッセイに無断で書いたものだから、お怒りかと思ったら、これが結構ご機嫌。「三谷、今年はN先生にしなくてもいいぞ。中島達雄と堂々と書いてくれ」と中島達雄先生は言った。

夕食の時、生徒の一人が携帯電話で仕事の打ち合わせをしていると、先生の雷が落ちた。「同窓会の時くらい携帯切っとけっ」。そして、僕らが日頃、家庭よりもとかく仕事を優先してしまうことを知るや、先生は叫んだ。「家に帰ったら、カレンダーをめくって奥さんと子供の誕生日に丸しろっ」

先生が眠りについた後も、僕らは朝方まで飲んで語り合った（僕は烏龍茶《ウーロン》）。ペットボトルの開発を行っている上野君の、「僕はフレンチレストランのテーブルに置いても恥ずかしくないペットボトルを作りたいんだよ」という言葉には胸を打たれた。僕が「笑い」にこだわるのと同じ労力とパワーを彼はペットボトルに注ぎ込んでいた。皆、それぞれの分野で、理想を追い求めていた。全員同い年で「厄年」。やはり今年に入っていろんな壁にぶち当たっているのが、おかしかった。大変なのは僕だけじゃないと分かって、それだけでも参加した甲斐《かい》があった。

同級生の一人、Hは悪い奴《やつ》ではないが（むしろ普段は、友達思いのいい奴だが）、酔っ払うと、人が真面目《まじめ》に話しているのに茶々ばかり入れてくる。かと思うと、「頑張ればな、夢はかなうんだぞ」と思いっきり正論を吐き、周囲をしらけさせる。「煩《うるさ》いよ」と小突くと、「三谷、俺《おれ》はお前に言いたいことがある」といきなりからんできた。そしてからむだけからんで電撃的に寝てしまった。これには頭に来た。安らかなHの寝顔を見ていると、さらにむかついた。むかつきながら思った。そういえば何度もあったな、こんなこと。

翌朝。僕は仕事があったので、皆が寝ているうちに宿を出た。Hにはあまりに腹が立っていたので、寝顔にマジックでいたずら描きをしておいた。大人のすることじゃないけど、まあい い。Hのこめかみに、「怒りマーク」を描きこみながら、僕は何回ここにこの印を描いただろう、と思った。

部屋を見渡すと、浴衣の前をはだけた半裸の四十男たちが所狭しと眠っていた。凄絶な光景だった。皆、おっさんになったね。Hの顔のいたずらだけが、昔と同じだ。


［『朝日新聞』二〇〇二年八月一四日夕刊、「三谷幸喜のありふれた生活」（119）］

全編、ありありとその場の情景が伝わってくる。目に見えるようである。特に本文は読み手の経験と記憶、想像などに同調するような記述が随所にあり、共感性が高い。三谷の感想が我がことのように思われ、気がつくと読み手自身も三谷と一緒にその会合に出席しているような錯覚に陥るのだ。

同窓会が毎年のようにあると〝ありがた味がなくなっていくなあ〟と思い、それでも出掛けて行って結局は満足する。先生は必ず早く寝る（飲み会では少し早く。あるいは、二次会は失礼すると帰って行く。それが先生なのだ）。上野君のような人もいればHのような男もいる。特にHはリアルだ。こういう奴は必ずいる。浴衣を着て胸をはだけた半裸の四十男たち。これを〝凄絶な光景だった〟とするのもいい。

まことにタイトルのような「ありふれた同窓会」ではあるが、だから読み手の思い出し笑いや、懐かしさや、イメージの広がりを誘うのだ。N先生と上野君とHを縦につないで、それぞれにエピソードを添え、「情景を目に見えるように、心理を手に取るように」書いている。さすがである。

第3節　文芸散文の構成

1　流れの文章

文芸散文には、論理的文章のような構成法はあるのだろうか。答えは〝否〟だ。ではすべてが〝否〟かというと、そうではない。文章である以上、筋の運びがあり、一定の構成があるのは当然で、すでに述べたように起承転結や導入・展開・結末、発端・経過・終結など、話の進行を形づくる構成はあるのである。

しかしここでは、そうした構成法にこだわらない〝流れ〟について考えてみよう。小海永二・深沢忠孝共著の『現代の文章』（有精堂、一九八一年）に興味深い言説がある。

同書は発想から端を発する「叙述の型」として、次の三つを挙げている。その説を要約して説明すると、

①流動型の発想

思いつき（着想）があり、表現しようとするものが決まっていても、主題や構想の全体が明確には見えないまま書き始める。書いていくうちにそれらが見え、固まってくる。ちょうど、谷奥の一しずくが細い流れになり、谷底を流れる沢となり、平地に出て自らの流れるべき道を蛇行しながら探り、瀬や淀みをすぎ、直流や曲流を重ねて川口まで行くような型である。

②連鎖型の発想

一つ、また一つと、ちょうど鎖の輪を作り繋いでいくように、あるまとまりをもった部分（小主題、あるいは段落）を連結させて一編の文章を完成させる型である。このタイプは、小は一編の文章から大は小説の連作や物語の構成に多く使われている。さらに拡大してみると、日本の文芸に特徴的な編集もの（歌集や物語集）や合作もの（歌合せ、連歌、俳諧）などの展望も可能となる。

③組立型の発想

組織型、構築型と言ってもいいかもしれない。現在の作文教育、文章作法の主流である順序と系統を重視し、きっちりと組み上げるのが特徴である。主題の決定、材料収集、構成アウトラインの作成、段落の設定・草稿・推敲・清書・評価というのがその代表的な例である。優れた点もあるが、これだけが唯一の方法だと考えると必ず誤るだろう。

以上の三方式は、①は一文一義ではなく重点先行でもない、随筆や新聞コラムなどで見られる思いを自在に書き綴っていく文章のことである。天声人語（朝日）や春秋（日経）、その他の新聞の一面コラムは往々にして、書き出しと全く整合しない結論などがあって、それがいとも自然に読み手を納得させる。そういうものが見られるのである。

②は大きなテーマを設定して、その中で種々の話題を自由に取り上げ、自在に書いて一編の文章とするものである。小説などを除けば新聞・雑誌の随筆や試論などで、本書で取り上げた吉岡忍の「『自分以外はバカ』の時代」はこれに当たる。また梅原猛の「反時代的密語」は、一つの大きなテーマのもとに話題を変えての連載であり、これもまたこのタイプの一つである。

③は本書においてメインに取り上げた三段階法を中心とした知的散文のことだ。論理的文章の典型的なタイプであり、達意性を重視した機能的な文章である。現代社会が求める型であるとも言えるだろう。文章の型は色々あって良い。これ一つにこだわる考えはないということである。

以上を見てくると、文芸散文は、論理的文章の石組みのような確とした構築ではなく、水が上流から下流に自然に流れるような〝流れ〟の文章だということが分かるのである。

2　流れの文章の源流

『現代の文章』は、②連鎖型の発想のところで「日本の文芸に特徴的な編集の文芸や合作の文芸」として、歌集や物語集、歌合わせ、連歌、俳諧などへの〝展望も可能〟となると言っている。「今後の研究にまつべき点は多いが、これもまた日本的発想と言ってよく、この型を抜きにして、伝統的文芸は考えることができない」とも述べている。

〝展望も可能〟はどういう意味だろうか。いささか曖昧な表現だが、後段の言説と併せて考えると、これは筆者の独断と偏見になるのだが、現代の文芸的文章の源流は源氏や枕草子の昔にあるということではなかろうかと思うのだ。そう考えると①は『方丈記』が思い浮かび、②は『枕草子』『徒然草』などに思いがいくのである。

「ゆく河の流れは絶えずして、しかももとの水にあらず。よどみに浮かぶうたかたは、かつ消えかつ結びて、久しくとどまりたるためしなし。世の中にある人と栖《すみか》と、又かくのごとし」。これは『方丈記』のあまりにも有名な書き出しであるが、通読すると、この一節が全編の思想を代表していて、その意味では重点先行文であるが、それはともかくとして、これは①の流動型に該当するのではないかと考えるのだ。

『方丈記』は全部で五段構成になっており、その意味では①に当てはまるとは言い切れない。しかし、全編を読み進めていくとごく自然に話題が変わり、段で区切る、章で分けるという印象が薄い。流れる水のごとくに無情感が通底した、自在に話題が語られるという感想をもつのである。現代のコラムに通じる流れの文章といえるのではないだろうか。

②に当てはまる『枕草子』は、第一段は「春は、あけぼの。やうやう白くなりゆく山ぎは、すこしあかりて、紫だちたる雲の、細くたなびきたる」で始まる宮中生活を中心に描いた三百余段にわ

たる長編随筆であるが、全てが段に分けられている。この形は後の『徒然草』にも受け継がれている。
③の組立型というのは、知的散文に当てはまるもので、改めて例を挙げて説明する必要はない。しかし、こうした形の文芸散文はもちろん多くあることで、どれが主流ということはないが、色々なスタイルの、つまり、色々な趣の文章が楽しめるということだ。書くにしろ読むにしろ、このことを幸福だと思いたい。

流動型、連鎖型、組立型の例を現代の新聞エッセイで見てみよう。

第4節　流れの文章を読む

1　流動型・東直子の「夏草とライオン」

◆夏草とライオン（東直子）

子供のころ、父の仕事の関係で、よく引越しをした。新しい土地に来ても、いつかは出てゆくところだ、とこころの底でいつも思っていた。

角田光代の『だれかのいとしいひと』（白泉社）という小説集の中に「転校生の会」という短編を見つけた。ひとりの人とずっと一緒にいると息苦しくなるという理由で、ふられてしまう女の子の話。彼氏の言い分は、転校を繰り返したことの悪影響で一つ所にいられない体質になってしまったから、というのである。ふられた方は納得がいかず、転校とはなんぞや、と思い、転校生が転校について語りあうサークルに参加する。

この小説に出てくる転校経験者は、転校をあまりよいものとして語らない。確かに、子供のころの住居環境が人格形成に影響を及ぼすことはあると思う。私は、新しい場所への期待が大きくて、転校が嫌だと思ったことはないけれど。今度はとてもよいことが起こるにちがいない、うまくゆくにちがいない、と思いながら、見たことのない町に連れてゆかれた。あるときは車で。あるときは船で。あるときは飛行機で。どんな乗り物にも窓があって、遠ざかる景色に、さようなら、さようなら、と小さくつぶやいた。未来を夢見て進むとき、見えているのは、今、目の前を過ぎ去っていくものばかりだ。どこかに進んでいくというのは、景色を捨ててゆくことなのだなあ、と思う。

小学五年生の夏に、広島市に越した。ちょうど広島カープが初優勝した年のことで、町中に「広島カープ」の音楽がさんざめき、夜になれば、皆お茶の間で広島を応援していて、誰かがヒットを打つたびに、どの家の窓からもいっせいに歓声があがった。だれもかれも野球の話ばかりしていた（ように見えた）。

学校では放課後に必ず原爆関係の歌を歌う習慣があり、ただ一人歌を覚えていない私は、肩身が狭かった。歌の中で、きょうちくとう、という花の名前を覚えたが、まだどんな花なのか、知らなかった。

なじめない。

希望に胸ふくらませてやってきたのだが、地元の色が強すぎて、入り込めないような気がした。そんな中、「あたし、人間ぎらいなの」とどうどうと宣言するサトウさんという女の子と仲良くなり、一緒に遊んだ。サトウさんはときどき鼻に皺をよせて、今日は気分じゃない、と言って遊んでくれなかった（でもサトウさんのそうゆうところも、私は好きだった）。そんなときは、社宅の庭のフェンスの前に育てていた小さな花を眺めたりなどして過した。

フェンスの向こうは独身寮になっていて、子供たちがフェンスの破れ目をくぐって、寮の敷地内に入り込んでは、怒られていた。私もある日、ひとりで忍びこんでみた。寮の真昼はまるで人の気配がなく、ひんやりとしていた。乱暴にのびた夏草の中にふと気配を感じてぎょっとしたら、それはライオンの石像だった。ぎょろりとした目がリアルな立派なものだが、足は半分土に埋れているし、少し開いた口の中には枯葉が詰っていた。うち捨てられた、とはこういうことだ。ライオンの筋肉の美しい隆起に、自分のやせた体をもたせかけて、時を過した。あのライオンは、原爆の光を見たのだろうか？

ライオンの塑像によりそい眠るときわたしはほんの夏草である

「『日本経済新聞』二〇〇二年八月三日夕刊」

一読して分かるように、本文は典型的な流動型だ。特徴的なことは、タイトルがなぜ「夏草とライオン」なのか、分からないまま読み進めていかなくてはならないことと、一文一義ではないということである。

タイトルについては、最後になって合点がいく。私はひとり。いつも一人。生い茂った夏草の中に潜む石のライオンが、身近に思える女の子だったというのである。理屈で解釈しないで、ライオンに身をもたせかける痩せた、孤独な少女を目に浮かべて、その情景の中で遊べばいい。

一文一義ではないというのは、一つの文章に話題が五つ。つまり、角田の小説とは違う自分の話から始まって、広島カープ、原爆、サトウさんという女の子の話、夏草とライオンの話と続いて、最後は歌で終わるという内容である。これらが、ちょうど川の水が上流から下流へ、岩に当たり、淵によどみ、瀬にそって流れを変えながら進むように、気がつくと次の話に移っている。そういう具合に出来上がっているということだ。一文一義でなくても、第1章の「帰郷」のように支離滅裂ではない。自然に自在に流れて行く流動型、筆者は流水型としたほうが相応しいと思うのだが、それはともかく、流れを楽しむ日本の文章らしいエッセイになっているのだ。

2　連鎖型・伊集院静の「上野界隈」

◆上野界隈（伊集院静）

東北新幹線を上野駅で下車し、長いエスカレーターに乗って、地上階の構内に出た。駅舎の中は、夏休みのせいか、家族連れが目立ち、子供たちの声が響いていた。人の群れを分けながら歩いていくと、ふいに舞うような影が目の前をかすめ、周囲に居た数人の視線が宙を追った。

——何だろう？

と私は立ち止まって、影が去った方角を振りむいた。それは、一匹の蝶だった。羽の大きさから見て、揚羽蝶のようで、

——こんな場所に蝶がいるのか。

と少し驚いた。その場に立ち止まって、しばらく蝶を眺めていた。

その影に気付いた人は歩行を止め、正体がわかると、なんだ蝶か……、という感じの人もいれば、あらっ、蝶だわ……とどこかいとおしげに見入る人もいた。急ぎ足の人は、蝶の存在にすら気付かない。

蝶は戸惑ったような飛翔をしていた。上野の山あたりから飛んできて、駅舎の中に迷い込ん

だのであろうか。木一本あるはずのない構内で混乱をしているふうに見えた。

蝶の飛んで行った方角に空は抜けていない。あのまま飛んでいって、大丈夫だろうか、と思った。駅舎の隅で息絶えた蝶の姿が浮かび、口の奥に苦いものがひろがった。

ひと昔前なら、この駅のプラットホームの上には空があり、雨も吹きつけ、風も流れていた。蝶が別に汽車に乗って旅をするわけではなかろうが、上野駅から風情が失せたのも事実だ。

少し時間があったので、アメ横通りに入って、遅い昼食を摂った。ビールを飲みたかったが、昼の酒は数年前からやめているので我慢した。食堂を出て、通りをそぞろ歩いた。気になる路地があり、つい入り込むと、むかいから巨軀の男が一人、左足を引きずるようにして歩いてきた。一瞬、互いの目線が合った。私の身体もちいさくないので、狭い路地ゆえに、どちらかが路を譲らねばならない。相手が年長に思えたので、私が立ち止まり、壁際に寄った。男は左手を軽く上げ通り過ぎた。石鹼の匂いがした。背中を目で追うと、生成りの麻の上着に艶気が漂っていた。

本田靖春を思い出した。

どうして本田の背中が浮かんだのか、と考えた。すると彼の著書に『警察回り』（サツまわり）という作品があり、新聞記者時代の本田が、昭和三十三年当時の上野界隈の様子を活き活きと描写していたことが思い出された。それに先日、仕事場に届いた『本田靖春集』（旬報社刊）の四巻目の表紙が重なった。

　昨年暮れ、刊行がはじまった全集の中で解説を書かせて貰った関係で、正月休みの間、本田の著書の何冊かを再読し、彼の仕事のありようにあらためて感服した。真のジャーナリズムとは何か？　昭和という時代が何であったか？　を考え直す機会になった。昭和が今日の平成日本の歪みを生んでいるのだと再認識させられた。この全集を若い人にぜひ読んで欲しい。

　私は本田の気骨ある文章と、あの眼に惚れている。真実を見据えようとしていた本田の鋭い眼は、弱者にむけられる時、こよなくやさしい。残念ながら、本田は今、身体を病み、家中での仕事に専念している。

　すでに蝶が飛べる場所でなくなった上野駅に本田を立たせたら、舌打ちをして飲み屋街に消えてしまうのだろうか。


「『日本経済新聞』二〇〇二年八月八日夕刊、講談社刊『ねむりねこ』に収録」


　これもまた、一文一義ではない。話が三つある。①上野駅の揚羽蝶。②アメ横で出会った巨軀の男。③本田靖春。ただこちらの方は一話一話の独立性が明快だ。はっきり、違う話になるということがよく分かる。

　一つの話が次の話と関係なく連結していく。話と話の間に一行、空白行があってもいいのだが、それがなくても別の話題だというのが判然としている。連鎖型である。上野界隈というくくりの中で徒然の思いを綴っているのだ。最後のところでまた蝶の話を出して、導入部につないでいるが、それはそれとして枕草子や徒然草の進行を思わせる造りである。

流動型といいこの連鎖型といい、日本の文章は書き手の感興や思いの広がりに従って、自在にペンの動きにまかせて書き記していくところがある。一文一義、重点先行、意味段落などといった制限の中にあることを好まず、〝随意、興のおもむくまま〟にペンを走らせていく〝流れ〟の文章ともいうべきものである。「夏草とライオン」「上野界隈」にかぎらず、日常茶飯、目にする多くの文芸散文がこの形になっている。

3　組立型・川上弘美の「はじめての本」

◆はじめての本（川上弘美）

小さい頃は本を読まなかった。

本を読むよりも面白いことが、山のようにあった。人形たちの世話もしなければならなかったし、友達と「基地」も作らねばならなかったし、原っぱでバッタ採りもしなければならなかったし、ぷーぷーラッパを鳴らしながらやって来るおとうふ屋さんを呼び止めもしなければならなかった。

本を読むようになったのは、小学三年のときに病気をして以来である。病気といったってそれほどの大病ではない。それでも学期始めから夏休みが終わるまで、床につかなければならなかったのだ。

一日じゅう寝ているのは、難儀なことだった。ひどく衰弱しているわけではない。微熱がずっと続いているだけである。買ってもらった漫画は、百回繰り返し読んだ。クラスのみんながくれた手紙は、二百回繰り返し見た。一人あやとりは、五百回繰り返し取った。「つまんないよう」と文句を言うと、母は「本でも読めばいいじゃない」と言った。しぶしぶ読みはじめる。ところが、これが読めないのだ。

文章を読み続けることが、つらい。文章の意味が、よくわからない。挿絵もろくにないから、退屈。一冊に入っている文章全部を読まなければならないかと思うと、憂鬱。本を読むことは、じつは困難なことなのであった。読みつけていない人間にとっては。

「読めない。つまんない」と私は母に言ったのだったか。「しょうがない子ね」と嘆きながら、母は仕方なしに、読み聞かせをしてくれたのである。

驚いた。自分で読んでいるときには面白くもなんともなかった本だったのに、読んでもらうと、これがめっぽう面白い。わくわくする。本って、こんなにいいものだったのかと、ぼうぜんとした。毎日母に読み聞かせをしてもらう時間は、黄金のひとときとなった。

一冊全部を聞かせてもらった後に、こんどは同じ本を自分で読んでみた。読めたか？　読めた。ここに至り、ようやく私は本を読めるようになったのであった。

考えてみれば情けない話だ。三年生にもなって、私はろくに文章が読めなかったのである。でも、いい。読み聞かせは小さい子供のしてもらうもの、などときどっていたら、本を読むというぜいたくな喜びを一生知らずに過ごしてしまったかもしれないのだから。

子供の本離れについていわれる昨今だが、本を読むことのつらさをあのとき実感した身としては、学校の指導や読もうとしない子供自身を責める気には、毛頭ならない。ただ、本の面白さと出会う僥倖（ぎょうこう）が多くの子供の上に訪れますようにと、願うばかりである。そうじゃないと、もったいないよ、と強く念じつつ。

ちなみに、病気のときに読んだあの本、今も手元にある。一人床に横たわる自分の時間を、一人島に生きる主人公の境涯に重ねあわせつつ読んだ、あのなつかしい本とは、ダニエル・デフォー作、吉田健一訳の『ロビンソン・クルーソー』。本を読むというぜいたくな喜びを知りそめた、その本の訳者もまた、ぜいたくな文章を書く人であった。これもまたひとつの僥倖だったに違いない。


「『日本経済新聞』一九九九年七月二八日夕刊」

作家の川上弘美が、「小さい頃は本を読まなかった」と始めるところが、感興をさそう。読み手の自然な想定を逆手にとって、後はその成り行きを一文一義、一つの話題に終始して進めていく。

加えて重点先行、意味段落、タイトルも内容にそくした、いわゆる知的散文の方法である。それだけに、一つの話を安心して読み進めていくことができる。

構成も三段階法を採用。書き出しの一文を含む第一段落が序論、第二段落から第七段落までが本論、第八・第九が結論ということになるのだろうか。序論・本論・結論では論文みたいだから、ここは、導入・展開・結末と呼ぶことにしよう。

日本の文章は、三段階、四段階（起承転結）にこだわらない、流れに従う造りがある。といってもまた、このように組み立てていく形もある。千差万別、まことに豊かな、幸福な文章の世界ではある。

■文芸散文の演習

自分でテーマを決めて自由に文芸散文を書く

与えられた課題について書くのではなく、何を書くのか、どう書くのか、誰に書くのかを自由に設定して、文章を書いてみよう。

本章では全作品プロのものを転載した。いずれも書き手の経験からきた事実を具体的に書いている。どのような文章でもそうだが、文芸散文は特に具体的でないと、情景・心理の描写はできない。そのことをよくわきまえて書くようにしよう。

朝倉の無駄を削ぎ落とした表現、三谷のユーモア、東、伊集院の連鎖していく思い、川上の知的散文ふうの記述。それぞれを参考に、あまり文体にこだわらず自然な筆運びで自分なりのものを書いてみよう。

■第8章注

（1）朝倉勇：詩人。コピーライター。歴程同人。現代詩人会会員。日本ペンクラブ会員。東京コピーライターズクラブ会員。詩集に『掟』『わが街』『神田川を地下鉄丸の内線電車が渡るとき』『麻布仙台坂の日曜日』『田園スケッチ』。童話『ポールと小鳥』など多数。

（2）以下、各詩編の日付の前に付けた①②③……は、後述する説明の便宜のために筆者（＝前田）が付けた番号であり、原文にはないものであることをお断りしておく。

第9章

広告文の方法

本章を広告文としたが、本来なら実用文というテーマで、いわゆるビジネス文を取り上げるべきである。しかし、ビジネス文についてはそれの専門書が多い上に、本書の知的散文が応用範囲にあるので、あえて広告文を取り上げることにした。

広告文は普通、コピーと呼ばれ、それを書くことをコピーライティングと言っている。コピーはキャッチコピーとボディコピーに分かれている。タイトルと本文のことだ。普通の文章ではそういうことはないが、それをわざわざ分けて呼ばなくてはならないところにコピーの特殊性がある。コピーといえばキャッチコピー。ボディも大事だとは言いながらも、コピーライターの神経はキャッチにキャッチされている。今その理由に言及しているゆとりはないが、そこで敢えて広告文と称して、ボディコピーを考えようというのが、本章の目的である。

第１節　広告文は読んでもらう文章

1　広告文の性格

広告文とはどういう文章か。この問いに対する答えは幾つもある。ごく単純なものに、先に言った「キャッチコピーのことでしょう」というものから、品物を売る文章、絵や写真といっしょにメッセージを発信する文章、映像や音声と協力する文章、品物だけではなく企業を売り込む文章、新聞・雑誌広告やチラシやポスターの文章、インターネットで物を売る文章など、色々な答えが返ってくる。

これらは広告の目的や性格を言っていて、どれも間違ってはいない。しかし、本書で規定したい広告の文章とは、少し違う。ここでは「文章としての広告文」とは何かということで、広告文が何がなんでも備えていなくてはならない条件とでもいったもの、それは何かという問いなのである。

答えは「読んでもらう文章」である。文章なら当然ではないか、知的散文も文芸散文も、その他あらゆる文章は読まれるために書かれている、「読んでもらわなくてもいい文章」なんてあるはずがない、という声が聞こえてきそうである。

確かに、すべての文章は読まれることを期待して、自分の考えを伝えるために書かれている。しかし本当にそうだろうか。書き手は本当に、読み手のことを考えて書いているのだろうか。読んでもらう前に、自分の意見、主張を伝えたい。自分の研究成果を書き著したい。自分の思いやイメージを表現したい。平たく言えば、上手に書きたい、カッコよく書きたいという思いが先行して、つい自分本位の表現に走ってしまう。そういうことはないだろうか。読み手の〝読み〟より、書き手の〝言い分〟を優先させてしまう。そうした文章になってはいないだろうか。

極端なまでの自分本位の文章というのは、第1章の「帰郷」のようなものだが、ああいう〝喋るように書く文章〟は論外として、一般的には、伝えることを意識しながらも、ともすれば〝まず自分の言い分を書く〟というのが、普通のことである。しかし、広告の文章には、それが許されない。なぜなら、金銭がからむ二種類の読み手がいるからだ。

2　二人の厳しい読み手

広告の文章には二人の読み手がいる。一人は広告主、もう一人は消費者である（消費者を一人としたことについては、後で説明する）。

広告主は広告制作者[1]への発注主で、彼の注文によって広告制作という作業が発生する。広告文はその作業の一環として書かれるのだが、その最初の読み手は、広告主である。彼はテーマとなる商品について熟知している。その商品をどのように売りたいのか、彼なりのイメージもある（それはオリエンテーションで示されているはずだが）。その広告主は、提示された広告文を厳しくチェックし、広告として世間に発信できるか否かを吟味する。彼は冷徹な審査員であり、厳格な読み手である。

彼の審査は、想定する消費者のニーズを彼なりに仮定した上での、自社の都合を優先することを基準にしている。そして、その基準に従って広告文の修正、あるいは書き直しを要求してくる。その基準となるのは、この広告で当該商品が売れるか売れないか、広告主の商業的欲求である。

一方、消費者は発信された広告に何らかの関心をもったとき、広告文を読む気になる。それはキャッチコピーであったり、写真やイラストであったり、音であったり映像であったりする。もちろん、広告表現の巧拙よりも、商品そのものに魅力を感じるときもある。しかし多くの場合、アイデアの面白さや表現の魅力といった感性的側面からの刺激に関心をもつことになる。引きつけるものがなければ、書き直しを要求することはないが、振り向いてはくれない。無視されるだけである。

売る立場と買う立場、二極対立する両者のニーズに応えるのが広告文の役割であり、二人の読み手をもつという所以である。広告文は、広告主のニーズを満足させながら、同時に消費者を魅了するものでなくてはならない。そのため、小説・戯曲・エッセイ・レポート・論文・詩、話し言葉、流行語、俗語、あらゆる形式、あらゆる表現素材を活用してメッセージの発信に役立てようとする。いずれにせよ、広告文は常に読み手を意識して書かれる〝読んでもらうことに徹した〟文章なのである。

第2節　読んでもらうために考えること

1　コピー・プラットフォーム

読んでもらうことを考えるというのは、読み手の事情を考え、それを優先させることだ。広告の場合は〝消費者サイドの発想〟などと言っている。読み手、買い手の立場に立って考えることである。

これを実践的に行う方法として、コピーライター自身によるコピー・プラットフォームの作成がある。仄聞するところによると、最近のコピーライターはあまりこういうことをやらないらしい。昨今の広告界にはアカウント・プランナーという新しい職種が生まれ、綿密な消費者調査を実施し、数量的なデータを超えた人間心理の深層に食い込むコンシューマー・インサイト（消費者洞察）の結果を提供してくれる。そのため、コピーライターも自身で素朴なプラットフォームなど作らないというのだ。

それはそれでよい。本書が言いたいのは、読み手のことを考えた〝読んでもらう文章〟を書くためには、この広告文にかぎらず普通の文章でも、コピー・プラットフォーム的発想、あるいは実践が役立つということを言いたいのだ。

コピー・プラットフォームとは製品の機能を左側に列記し、その各々の特徴から導き出される物

●コピー・プラットフォームの実際例

携帯電話「ザ・ケータイ」　　［対シニア　◎＝合致　☆＝限定合致］

製品機能	物理的利便	消費者利便	対象
・電話が携帯できる	・いつどこでも電話の送受信ができる	・街　車内　郊外から ・事件　事故　緊急時	◎
	・電話機のパーソナル化	・プライバシーの保守 ・不倫　社内恋愛　密約陰謀等の保守	◎
・メールができる	・無言で送受信できる	・電車内 会場 仕事中など　あらゆる場所から静かに連絡がとれる ・パーソナル化の促進	☆
・ゲームができる	・トランプ　パズルなど	・待ち合せ 電車内　その他で退屈がしのげる ・頭の体操ができる	
・ツール活用が可能	・めざまし機能　電卓スケジュール管理など	・日常生活のツールの一元化	
・カメラ機能	・写真が撮れる	・シャッターチャンスを逃さない ・事件，事故などの証拠の確保	☆
・ワンセグ機能	・テレビが楽しめる	・見たいテレビがいつでも ・録画を忘れても平気 ・待ち合わせなどに利用	

＊この表は、特定メーカーのケータイの特徴を示すものではない。

理的・心理的・社会的利便を、それぞれの右側に書き込んでいく、いわば製品の貸借対照表のようなものである。これを自分で作ることによって、コピーライターは否応無く広告文は〝読んでもらう文章〟であり、内容を受け手の立場に翻訳して書くものであると、再確認するのだ。自分に言い聞かせるのである。

ここで、ごく簡単なコピー・プラットフォームを作ってみよう（前頁の表）。あるコピーライターが携帯電話を担当して、新聞広告を作ろうとしている。ターゲットは六五歳以上のシニアである。製品の機能を左端にとり、それに対応する製品特性の欄、続いて消費者がどういう利便を得るかの欄を設け、右端に想定顧客対象に合致するか否かの記号欄を設ける。

こうして作られたコピー・プラットフォームの中から、今、現在〝想定される顧客〟にとっての一番の利便は何かを考える、あるいは発見する。それをセールスポイントと呼んでいる。

2　セールスポイントとは何か

よくセールスポイントを、その製品の機能的特徴、自慢自信の中心というように解釈するケースがある。広告主の説明で、営業部や開発部、技術部の人たちが、その製品の技術的特性、システム的進歩を説明して、「ここがセールスポイントだ。ここを強調してほしい」と、広告表現の中心点を指示してくることがある。なるほどメーカーの立場に立てば、自らの開発努力の成果を声高に伝えたいかもしれない。しかし、それがそのままダイレクトに、消費者の利便につながるかどうかは、消費者の正直な答えを聞かなくては、なんとも言えない。

タレントは交替したが、今もオンエアしている老人の携帯電話のCMでは、簡単に通話ができるということをセールスポイントにしている。メールや写真撮影、スケジュール管理などの便利な機能も、それを使いこなせない老人にとってはセールスポイントにならない（使いこなせる老人もいるが……）。便利な機能を多く備えたケータイの、それらはその製品のプロダクト・インタレスト（product interest）＝製品特性であるにすぎない。それがそのまま、対象となる消費者の〝喜ぶメリット〟になるとはかぎらないのだ。「私のセールスポイントは、唇のそばの小さなホクロよ」と言っても、それを相手がいいと思わないかぎり、魅力にはならないのである。

セールスポイントとは、その製品の数ある機能・特性の中から、消費者にとって最も利便性のあるもののみが該当する。表で言えば、◎の項目が一般のシニア顧客を対象とする場合のセールスポイントで、新聞広告のテーマ。☆は雑誌などで、読者がある程度限定的に想定できる場合のテーマになるということである。

すでに述べてきた「読んでもらう文章」を書くために、読み手の心情を知ることが大切。コピー・プラットフォームの作成が必要。そうした情報的側面が重要なのである。セールスポイントとは「商品の情報的価値」であり、物理的価値ではないのである。

3　読み手を一人に絞る

コピー・プラットフォーム的発想、セールスポイントを情報的価値だとする思考。ここから広告文は「読んでもらう文章」だという姿勢が生まれてくる。コピーライターは常に、何を書くのか、どう書くのかと同時に、誰に書くのかを強く考えなくてはならない。これはすでに述べた文章の三原則に他ならないが、その誰を、どう設定するのかが問題である。

ターゲットを設定するために、年齢、性別、職業、学歴、所得などで分けるデモグラフィック・セグメンテーション、また生活意識・生活態度、趣味などで分けるライフスタイル・セグメンテーションなどがよく用いられるが、そういった設定では対象が〝大きなくくり〟になり、ピンポイントに攻め切れない。もっとシャープにフォーカスを絞って書く、そういう方法が必要である。そこで思い浮かぶのが、パーソナル・コミュニケーションという考え方だ。

パーソナル・コミュニケーション。それは、読み手を一人に絞ることである。想定する購買者を「特定の一人の人物」に絞って、その人に向かって語りかけるような気持ち（喋るような文章ではない）で書く。その特定の人物とは、コピーライターが個人的に知っている人で、彼の担当する商品の購買者にピッタリだとイメージできる人である。例えば、高名な輸入万年筆を広告するとする。パソコン、ワープロ、ボールペン、水性ペン時代の今、それでも海外ブランドの高価な万年筆にこだわる人とは誰か。それを書き手自身の知人の中から探し出し、彼をイメージしながら、面と向かって話しかけているような気持ちで書くのである。

両親、兄弟、先輩・後輩、上司、得意先、友人など、我々は色々な人たちと共に暮らしている。彼らは一人ひとり、異なる性格、異なる経歴、異なる気持ちをもっている異なる人々である。そして、文章は誰もが一人で個別に読んでいる。テレビも映画も演劇も複数の中の一人として見ているのだ。広告もまた一人で見ている。

マスコミュニケーションはパーソナル・コミュニケーションであるという言葉があるが、広告文もまた、実はたった一人の特定の人物に語りかけるものでなくてはならない。歌謡曲や演歌の歌詞、歌手たちの歌唱を聴いていると、ときどき、自分一人に向かって歌われているように錯覚しないだろうか。聞き手・読み手はいつも一人なのである。

自分が担当する商品で、想定する購買者が身近にいない場合はどうするのか。この場合はテレビタレント、映画演劇の俳優、著名な学者、評論家、作家など、マスコミの露出頻度の高い人々をイメージする。タレント・俳優の場合、彼自身でもよいが、特定のドラマでの役柄でメージを膨らませてもよい。ドラマの場合、ギリギリの人物表現、性格表現、あるいはその人物の人生、運命などが描かれるので、イメージするには格好の材料になると言える。彼らと向き合って、横に座って、あるいは並んで歩いているような気分で書くのである。

第3節　広告文の技法

1　広告文は話術である

広告の文章は「読んでもらう文章」だと言った。読んでもらうためには、注目を引くように語りかけ、内容が興味深く表現が面白くなくてはならない。この〝面白い〟は喜劇的なそれではなく、思わず引きつけられる魅力あるものといった意味であるが、そういう文章でなくてはならない。

広告の手法にＡＩＤＭＡ（アイドマ）と呼ばれるものがある。これは、人が広告に接触したとき、

Attention＝注目し
Interest　＝興味をもち
Desire　＝欲しいと思い
Memory　＝記憶し
Action　＝行動をおこす（購買）

といった反応を期待する、その頭文字をとったものだが、これは広告文でも考慮されなくてはならないコードである。

ＡＩＤＭＡを広告文に当てはめると、「話し上手な人の話」ということになると思う。話し手が興味深い内容を面白く話し、聞き手・読み手を思わず引き込み、うっとりとさせる。そういう〝巧みな話術〟でなくてはならないと思う。

世に〝話し上手〟といわれる人は多い。しかし、彼らは一様ではない。一人ひとり、彼ら独特の話法をもっている。それでも、彼らに共通しているのは、話題の面白さだ。聞き手が思わず聞きたくなるような内容を敏感に察知して、そこに話をシフトする。そして、常に具体的だ。抽象的な理屈が入ると、すぐ「例えば……」と、分かりやすい事例を挙げてくれる（対話的原理の活用［第７章、195頁］参照）。次にちょっと驚かせる。「えっ」とか「あっ」とか「そうなのか」などと、〝小さな驚き〟を与えてくれる。使う言葉がユニーク、独特、でも普遍性があって、言われるとすぐ理解できる。

広告の文章というのは、読み手の立場で発想してその声に耳を澄ませながら（コピー・プラットフォーム）、読み手が知らなかった情報や利便、生活への新しい提案などを提供するものだ。そこには小さな驚きや発見、共感、納得が生まれるはずである。読みやすくテキパキ（短文）とした文章で、ところどころにわざとクッション（句読点）を入れてリズムをこわしたり、間をおいたりしながら、読み手が興味をもち面白いと思わず身を乗り出すように書く。そういう牽引力の必要な文章である。

2　話術の広告文の先達・平賀源内

広告の文章は話術である。そういう例は数多くあるが、それらを紹介する前に、源流ともいうべき江戸時代の有名な広告文を見ておきたい。

江戸時代中期から後期にかけて商業広告が大いに発達した。引札と呼ばれる〝ちらし広告〟、錦絵の中に商品名を入れる〝錦絵広告〟、ポスターともいうべき〝絵びら広告〟などである。

有名な「呉服物現金安売り掛け値なし」は、呉服の節季払い[2]を廃止し、現金で反物を安く切り売りする、当時としては画期的な流通革命を起こした越後屋の引札のキャッチコピーである。越後屋は今の三越の前身、作者は創業者の三井高利だ。これは一六八三年（天和三年）のもので、元禄より五年ほど以前のことである。

引札といえば、何といっても平賀源内[3]の嗽石香の広告文である。これは一七六九年（明和六年）、元禄より下ること八〇余年、明治元年にはまだあと百年ほどある時代のことである。まずはお読みいただきたい。

◆歯磨き粉「嗽石香」の引札（平賀源内）

はこいり
はみがき

嗽石香

はを白くし口中の
あしき匂いをさる

二十袋分入　一箱代七十二文　つめかへ四十八文

トウザイ〱、抑《そもそも》私住所の儀、八方は八ツ棟作り、四方に四面の蔵を建てんと存じ立ちたる甲斐もなく、段々のお仕合せ、商いの損あい続き、渋うちわにあおぎたてられ、あとへも先へも参りがたし。然る所、去る御方より何ぞ元手のいらぬ商売思ひつくようにと御引立下され候はみがきの儀、今時の皆様はよく御存じの上なれば、かくすは野夫《やぼ》の至りなり。その穴を委しく尋ね奉れば、防州砂ににおいを入れ、人々の思ひつきにて名を替えるばかりにて、元来下直《げじき》の品にて御座候えども、ひっきょう袋を拵え候の、板行をすり候の、あののものにて、手間代に引け候。これによりこの度箱入りに仕り、世上の袋入りの目方二十袋分一箱に入れ、おつかい勝手よろしく、袋が落ちちり、楊子がよごれると申すようなへちまなことはこれなきように仕り、かさでせしめるつもりにて、少しばかり利を取り、下直に差し上げ申候、もっとも薬方の儀、私は文盲怠才にて、なんにも存ぜず候えども、これもさる御方よりおさしずにて、第一に歯をしろくし、口中をさわやかにし、あしき臭をさり、熱をさまし、その外しゅじゅざった、富士の山ほど功能これある由の薬力お伝え下され候。きくかきかぬかのほど、私は夢中にて一向存じ申さず候えども、たかが歯をみがくが肝心にて、そのほかの功能はきかずとも害にもならず、また伝えられたその人も、まるで馬鹿でもなく候えば、よもや悪しくはあるまいと存じ、教えの通り薬種をえらみ、随分念入れ調合仕り、ありようは銭がほしさのまま、早々売り出し候。おつかい遊ばされ候て、万一よろしからず候はば、だいなし、御打ちやり遊ばされ候ても、たかのしれたる御損、私方は塵つもって山とやらにて、大いに為めにあい成り候。一度ぎりにてお求め下されずとても御恨み申し上ぐべきようも御座なく候。もしまた御意に入り、すわよきわと御評判遊ばされ候えば、皆様御贔屓お取り立てにて、段々繁昌仕り、表店へまかり出で、金看板を輝かせ、今の難儀を昔語りと、お引立のほど、隅からすみまで、ずうりっと奉希上候そのためのお断り左様にクハチ〳〵

てっぽう町うら店の住人
霜月　日　川合惣助元無
本白銀町四丁目南側これも同くうら店にて
売弘所　えびすや兵助
くはんおんのむかふろじ口に安かんばんあり

芝居の口上よろしく囃し立てるように、いいかげんな品物ですが、買って使ってみて下さい。よければご吹聴を、悪ければどうせ安物、大したご損にはなりますまい。いずれにせよ、私は儲かりますという、なんとも図々しいコピー。だが、あくまで正直、手の内をさらけ出してひたむきに訴えている。粋な江戸っ子ならずとも、心をくすぐられる巧みな話術だ。

下直の品＝安物、板行＝印刷、楊子＝当時の歯ブラシ、クハチクハチ＝カチカチ（拍子木の音）、くはんおん＝観音。ちょっと分かりにくいのはこれくらいで、ほとんど現代文に直す必要がないほどの言葉づかい。今から二四〇年前のものとは思えないほどの親しみやすい文章である。

もちろん現代では、こういうおおらかな広告を出すことはできない。しかしこのコピーには、小さな驚きから思わず聞きたくなる内輪の事情まで、自らをからかいながら詳細に具体的に語って面白さを誘う話術がある。広告文は〝話術〟である、という原点がここにあると言えるだろう。

二四〇年下って、現代の広告はどうだろう。優れた〝話術〟の広告文はあるのだろうか。もちろん、ある。次にそれを紹介しよう。

第4節　立場と言いまわし

漱石香は、平賀源内が貧しい裏長屋の男の〝立場〟に立って、読み手の〝知と情〟に訴えている。知とはこの場合、話術の巧みさを楽しむ知性であり、情とは、男のひたむきさにほだされる江戸っ子気質である。

例えば、この商品を買って実際に使った人の立場で書いたらどうだっただろう。八っあん熊さんのべらんめえ口調で、褒めたりくさしたり、賑やかな〝情〟に訴えるコピーになっていたに違いない。現代では消費者自身が自分のブログで、自分が使った商品の広告をする。これは消費者の立場での広告づくりだ。子細に見てみると世にある広告は、色々な立場に立って知と情にからむように消費者に話しかけている。その広告の目的と内容によって、〃書く立場〃を変えて書く、というのも広告文作成の技法の一つである。

① 広告文を書くときは〃立場〃を考えること。
② 読み手（消費者）の知と情に訴え、面白く興味深いコピーであること。

現代の広告の〃立場と表現〃を、幾つかの例で見ることにしよう。

1　開発者の立場

広告主には商品開発部や研究所など、その商品を開発した部門がある。その立場で商品を詳しく説明する。これは企業が最も好むスタイルの一つ。新製品、新発売、従来品の改良などの広告に多い。

●株式会社イトーキの「椅子の広告」

人間が椅子に座ってサッカーボールを操っている十五の姿勢を示した写真に、「深掛直立」「深掛足上」「深掛腿上」などの説明を入れ、次のようなキャッチコピーとサブキャッチ、ボディコピーをつけている。

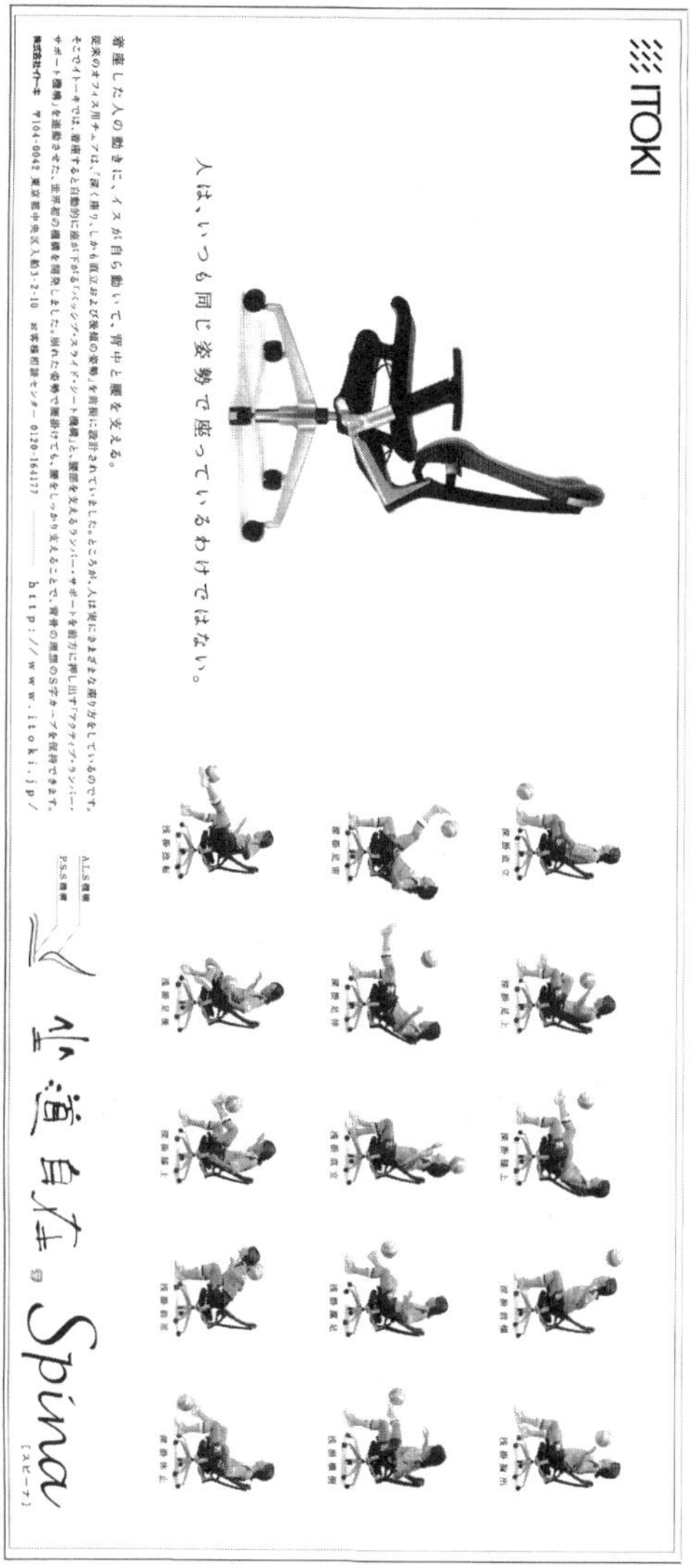
ITOKI
人は、いつも同じ姿勢で座っているわけではない。

着座した人の動きに、イスが自ら動いて、背中と腰を支える。

従来のオフィス用チェアは、「深く座り、しかも直立および後傾の姿勢」を前提に設計されていました。ところが、人は実にさまざまな座り方をしているのです。そこでイトーキでは、着座すると自動的に座が下がる「パッシブ・スライド・シート機構」と、腰部を支えるランバー・サポートを前方に押し出す「アクティブ・ランバー・サポート機構」を連動させた、世界初の機構を開発しました。崩れた姿勢で腰掛けても、腰をしっかり支えることで、背骨の理想のS字カーブを保持できます。

株式会社イトーキ　〒104-0042 東京都中央区入船3-2-10　お客様相談センター 0120-164177　http://www.itoki.jp/
A.L.S機構
P.S.S機構
坐道自在
Spina
［スピーナ］

人は、いつも同じ姿勢で座っているわけではない。

着座した人の動きに、イスが自ら動いて、背中と腰を支える。

従来のオフィス用チェアは、「深く座り、しかも直立および後傾の姿勢」を前提に設計されていました。ところが、人は実にさまざまな座り方をしているのです。そこでイトーキでは、着座すると自動的に座が下がる「パッシブ・スライド・シート機構」と、腰部を支えるランバー・サポートを前方に押し出す「アクティブ・ランバー・サポート機構」を連動させた、世界初の機構を開発しました。崩れた姿勢で腰掛けても、腰をしっかり支えることで、背骨の理想のS字カーブを保持できます。

新開発の事実をあくまで冷静に具体的に説明。全五段という中スペースながら、自社の新開発を過不足なく説明している。企業の人事部・総務部などに強くアピールできそうである。

2　営業部門の立場

開発された商品を売るセールスマンの気持ちを考え、その商品の魅力を語る。また顧客の立場に立って、どのようなサービスをしているかを伝える。企業の思想を伝える。

●伊勢丹の「留袖の広告」

留袖を着て、椅子に腰掛けた婦人を斜め俯瞰からとらえた写真。裾模様が鮮やかに目立っている。キャッチとボディは次の通り（①②…は説明の便宜上付したもので、原文にはない）。

腰掛ける留袖

①留袖の、あの足許から湧きたつようにあしらわれていた裾模様が、近頃では、膝を中心に配置するようにかわって参りました。②それは、お式の場所がほとんど洋風になったためでございます。③技法も、縫いと箔だけの、それだけの、どっしりした仕上りが近代建築の空間に映えるという見方から、一段と荘重な傾向に移ってきつつあるようです。

④色留袖も、また、白いテーブル越しにお見うけする時の印象をたいせつに考えた現代の式服で、特に若い奥様方や、またご親族ではない日のお召しものとしてお奨めしております。

老舗呉服店のベテラン番頭が、上得意の奥様に腰を低くして説明している様子が目に浮かぶ。書き出しから終わりまで、憎いばかりの話術である。①の「参りました」、②の「ございます」といった話し口調、更に①では客観的に流行を説明し、読み手に冷静な判断を求める巧みさが目立つ。③の読点の配置、「それだけの、」という、一見無駄なような記述が、肉声を感じさせて印象に残る。

腰かけて的皆様

田舎染川
秋の帯地新柄

伊勢丹

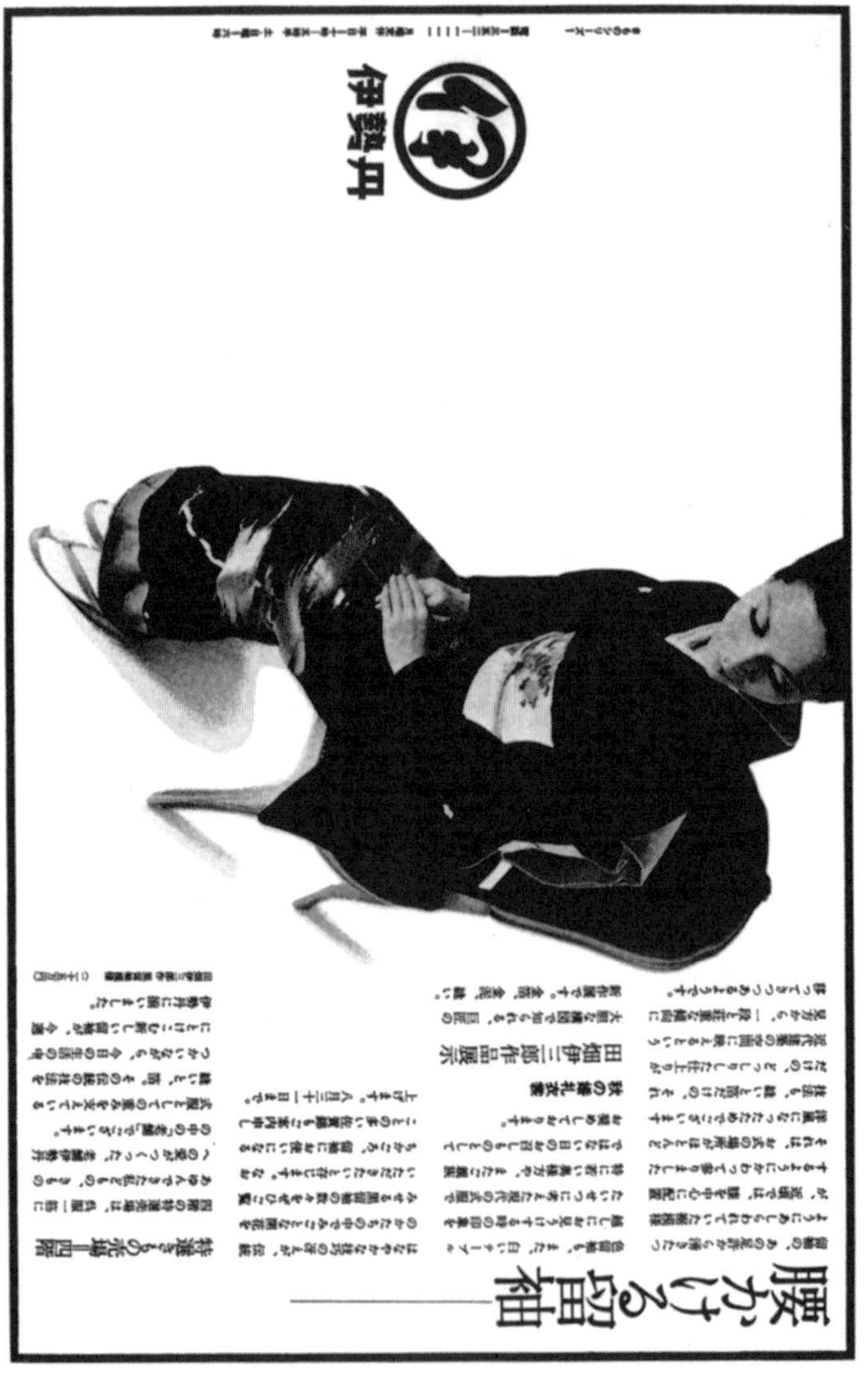

④の読み手に情景をイメージさせようとする表現も、具体的で強い。その他、随所に舌をまく言葉づかいで、売り手の立場を厭味なく表現している傑作である。

3　顧客の立場

商品やサービスを体験した消費者の立場で、その気持ちを言う。広告の文章ではあるのだけれど、消費者の経験を楽しげに語るということで、読み手の関心や感心を誘うというものである。

●シャープの「洗濯機の広告」

キャッチコピーは書き文字、イラストレーションは水彩で、YシャツやシーツやTシャツ、洗濯ばさみなど、主婦の生活を実感させるものが、楽しげに配置されている。

説得されても買わない。
納得したら買いますよ。
買ってよかったと思いたいから。

というキャッチにつづいて、ボディは「納得その1」から「納得その5」まで、主婦のお喋り口調でつづいている。顧客の立場という形をとった手法である。二つほど引用してみよう。

納得その1「銀のチカラ」
「Ag^+イオンコート」って、すごいんですよ。パパの靴下とかの嫌なニオイまで抑えてくれるし。衣類の静電気も抑えてくれるなんて、もうビックリ。服に静電気がたまると花粉もつきやすくなるっていうから、これからの季節、ホント心強いですね。

納得その3「腰が喜んだ」
腰痛持ちになってから早や10年。お洗濯って、特に辛かったんです。これならドラムの位置が高いから、底の衣類を取り出すときも、腰をそんなに曲げなくていいの。

とあって、その下部に

買ってよかった、洗濯機「愛情Ag^+ドラム」

とある。
友達やご近所に口コミしているというほどくだけた口調ではないが、商品の特徴を消費者の立場に置き換えて、親しみのもてるコピーにしている。

目の付けどころが、シャープでしょ。
SHARP
説得されても買わない。
納得したら買いますよ。
買ってよかったと思いたいから。
納得その1「銀のチカラ」
納得その2「夜のお洗濯」
納得その3「腰が喜んだ」
納得その4「おサイフの味方」
納得その5「大物だって平気」
買ってよかった、洗濯機。
[愛情Ag⁺ドラム]
白モノだって、目の付けどころがシャープでしょ。
シャープ株式会社
http://www.sharp.co.jp

4　レポーターの立場

広告主の立場ではない。消費者の立場でもない。その商品なり、企業について、ルポライターが現場から報告する。公正な目で、あるいは書き手（コピーライター）の自由意志で、誰にも強制されずに書いているというように書く。

●帝人株式会社の「企業広告」

ＭＩＳＳＯＮ　ＯＦ　ＭＡＴＥＲＩＡＬ　＃０１というシリーズタイトルが最上段にある。ビジュアルはアタッシュケースを開いた中に、炭素繊維世界二位、パラアラミド繊維世界一位、ポリカーボネート樹脂世界三位、ポリエステルフィルム世界一位と注釈つきのサンプルがそれぞれ収められている。ケースの蓋の部分にキャッチコピーとボディコピー、売上高、営業利益、当期純利益などの棒グラフがあしらわれている。株主その他の投資家向けＩＲ(Investor Relation)広告である。

この国の未来は、
我々のマテリアルにかかっている。
とＴ・Ｊは言った。

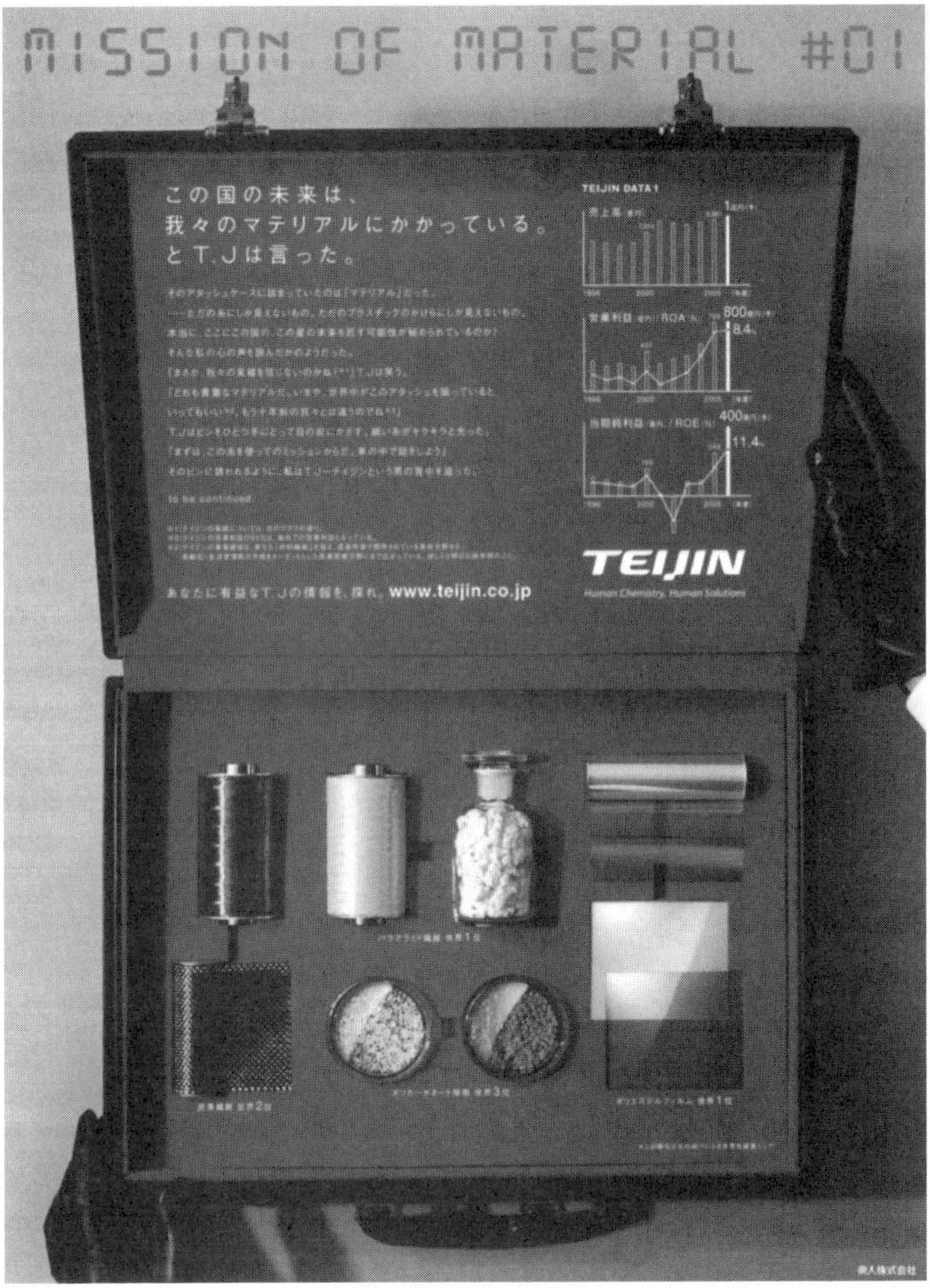
MISSION OF MATERIAL #01
この国の未来は、
我々のマテリアルにかかっている。
とT.Jは言った。
TEIJIN DATA 1
TEIJIN
Human Chemistry, Human Solutions
www.teijin.co.jp

これがキャッチコピーである。T・Jとは帝人のことであり、人格化されている。ボディコピーの内容は、このT・Jにレポーターが取材に行き、その報告が広告になっているという形である。


そのアタッシュケースに詰まっていたのは「マテリアル」だった。……ただの糸にしか見えないもの。ただのプラスチックのかけらにしか見えないもの。本当に、ここにこの国の、この星の未来を託す可能性が秘められているのか？

そんな私の心の声を読んだかのようだった。

「まさか、我々の実績を信じないのかね？」T・Jは笑う。

「どれも貴重なマテリアルだ。いまや、世界中がこのアタッシュを狙っているといってもいい。もう十年前の我々とは違うのでね」

T・Jはビンをひとつ手にとって目の前にかざす。細い糸がキラキラと光った。

「まずは、この糸を使ってのミッションからだ。車の中で話をしよう」

そのビンに誘われるように、私はT・J―テイジンという男の背中を追った。


このシリーズは、この広告を含めて五日連続で毎日つづき、素材がテレビ受像機や自動車やその他の製品に生かされている事実をレポートという形で展開している。企業秘密をのぞくようなスリリングな話法のコピーが素晴らしい。なかなかの話術である。

5　評論家の立場

商品を批評的な目でとらえる。社会批評、文明批評を広告に持ち込む。もちろん商品そのものも批評する。批評は提案でもあるのだから、この世の中を良くする広告でもあるわけだ。

●ＪＴ・日本たばこ産業株式会社の「たばこマナーの広告」

ＪＴは、たばこマナーの向上を呼びかける広告活動を根気よく続けている。これはその初期ものだが、約一年後にマナー向上を報告する広告を出すなど、一定の成果を上げている。

自社の商品の購買を奨めるだけが広告ではない。批評的な発言で社会の空気に応えるのも、また広告の役目である。ほかにウイスキーのメーカーなども、飲み過ぎのセーブを奨める広告を出している。

この広告には、入り口になるようなキャッチコピーがない。広告紙面最下段に、スローガンとして、

あなたが気づけばマナーは変わる。

とし、紙面いっぱいに大小十九の枠をつくり、その中に喫煙者と喫煙行為をめぐる諸問題を取り上げている。

その内容はいずれも反論しがたい事実であり、同感・納得を誘う現実の提示になっている。きわめて批評的であり、見る目の鋭い評論家の調査と発言という印象をもつ内容である。

◎七〇〇度の火を持って、私は人とすれちがっている。
◎ケータイ灰皿。持ってればよかったと、
　捨てる時だけ、よく思う。
◎煙の幅は、体の幅よりぜったい広い。
◎火がついたまま投げ捨てる。運転中の私はこわい。
◎体はよけた。それでも煙はぶつかった。
◎たばこを持つ手は、子供の顔の高さだった。
◎吸いがらを排水溝に捨てた。というか隠した。
◎スタンド灰皿。火を消さないで入れるのは、煙をふやす行為だ。
◎煙の行方。本人だけが、他人事だった。
◎水たまりの吸いがらは、ふやけて百のゴミになる。

まだあるが、どれもこれも思い当たることばかり。一つ一つにシルエットにも似たイラストレーションをつけ、それぞれの行為を図解的に説明している。色が黒ではなく、緑を使用。なぜか、知

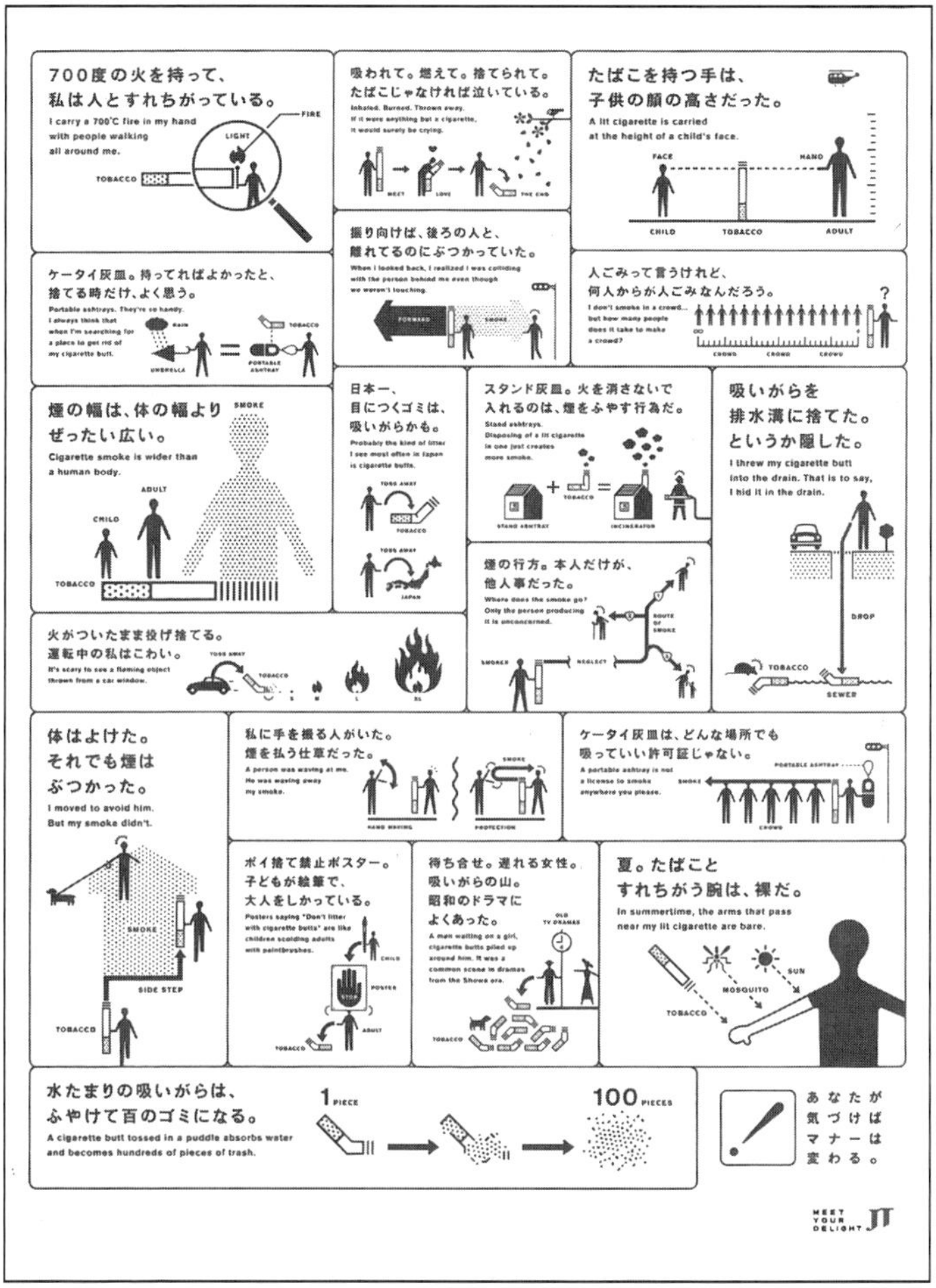

700度の火を持って、
私は人とすれちがっている。
I carry a 700°C fire in my hand
with people walking
all around me.
FIRE
LIGHT
TOBACCO
吸われて。燃えて。捨てられて。
たばこじゃなければ泣いている。
Inhaled. Burned. Thrown away.
If it were anything but a cigarette,
it would surely be crying.
MEET
LOVE
THE END
たばこを持つ手は、
子供の顔の高さだった。
A lit cigarette is carried
at the height of a child's face.
FACE
HAND
CHILD
TOBACCO
ADULT
ケータイ灰皿。持ってればよかったと、
捨てる時だけ、よく思う。
Portable ashtrays. They're so handy.
I always think that
when I'm searching for
a place to get rid of
my cigarette butt.
RAIN
UMBRELLA
TOBACCO
PORTABLE ASHTRAY
振り向けば、後ろの人と、
離れてるのにぶつかっていた。
When I looked back, I realized I was colliding
with the person behind me even though
we weren't touching.
FORWARD
SMOKE
人ごみって言うけれど、
何人からが人ごみなんだろう。
I don't smoke in a crowd...
but how many people
does it take to make
a crowd?
CROWD
CROWD
CROWD
煙の幅は、体の幅より
ぜったい広い。
Cigarette smoke is wider than
a human body.
SMOKE
ADULT
CHILD
TOBACCO
日本一、
目につくゴミは、
吸いがらかも。
Probably the kind of litter
I see most often in Japan
is cigarette butts.
TOSS AWAY
TOBACCO
TOSS AWAY
JAPAN
スタンド灰皿。火を消さないで
入れるのは、煙をふやす行為だ。
Stand ashtrays.
Disposing of a lit cigarette
in one just creates
more smoke.
TOBACCO
STAND ASHTRAY
INCINERATOR
吸いがらを
排水溝に捨てた。
というか隠した。
I threw my cigarette butt
into the drain. That is to say,
I hid it in the drain.
DROP
TOBACCO
SEWER
煙の行方。本人だけが、
他人事だった。
Where does the smoke go?
Only the person producing
it is unconcerned.
ROUTE OF SMOKE
SMOKER
NEGLECT
火がついたまま投げ捨てる。
運転中の私はこわい。
It's scary to see a flaming object
thrown from a car window.
TOSS AWAY
TOBACCO
S
M
L
XL
体はよけた。
それでも煙は
ぶつかった。
I moved to avoid him.
But my smoke didn't.
SMOKE
SIDE STEP
TOBACCO
私に手を振る人がいた。
煙を払う仕草だった。
A person was waving at me.
He was waving away
my smoke.
HAND WAVING
SMOKE
PROTECTION
ケータイ灰皿は、どんな場所でも
吸っていい許可証じゃない。
A portable ashtray is not
a license to smoke
anywhere you please.
PORTABLE ASHTRAY
SMOKE
CROWD
ポイ捨て禁止ポスター。
子どもが絵筆で、
大人をしかっている。
Posters saying "Don't litter
with cigarette butts" are like
children scolding adults
with paintbrushes.
CHILD
STOP
POSTER
ADULT
TOBACCO
待ち合せ。遅れる女性。
吸いがらの山。
昭和のドラマに
よくあった。
A man waiting on a girl,
cigarette butts piled up
around him. It was a
common scene in dramas
from the Showa era.
OLD TV DRAMAS
TOBACCO
夏。たばこと
すれちがう腕は、裸だ。
In summertime, the arms that pass
near my lit cigarette are bare.
SUN
MOSQUITO
TOBACCO
水たまりの吸いがらは、
ふやけて百のゴミになる。
A cigarette butt tossed in a puddle absorbs water
and becomes hundreds of pieces of trash.
1 PIECE
100 PIECES
あなたが
気づけば
マナーは
変わる。
MEET YOUR DELIGHT JT

的で穏やかな印象で好感がもてるアートディレクションである。

以上が立場という目で見た〝広告の話術〟の一例である。普段何げなく接している広告の文章も、語り方にさまざまな工夫を凝らしていることが分かる。この方法は知的散文や文芸散文に活用できるノウハウでもある。特に広告文はすでに述べたように、あらゆるジャンルの文章技術を貪欲に吸収しているので、一般の文章への逆輸入もまた容易なはずだ。

広告の文章は「読んでもらう文章」であり、色々な立場をとって語りかけていく〝話術〟だ。そのためにあらゆる文章のジャンル、スタイルを我が身のものとして発信していく。逆に広告の文章に精通することは、文章に志をもつ者にとって大切なことなのである。

■広告コピーの演習

広告文を書いてみよう

広告の文章は読んでもらうために、巧みな話術を発揮しなくてはならない。しかし、この話術は表現技術であって、その前に商品の何をアピールするか（何を言うのか）というセールスポイントの発見と、表現を決定づけるアイデアがいる。

アイデアが優れていないと、話術も立場もない。第3章の「実用的な発想法」を参照しながら広告の文章を書いてみよう。

次の新聞記事を広告主から与えられた課題と資料だと仮定して、印刷広告（新聞・雑誌）のキャッチコピーとボディコピーを書いてみよう。

◆しもやけ対処の心得
防寒が基本、治療も簡単——かくの避けて、症状似た病も

冷え込みが厳しい日が続くと、知らぬ間にかかるのがしもやけ。手足などの患部を温めると、たまらなくかゆくなる。しっかりした防寒が予防の基本だが、かかった場合も素早い対応で症状が改善する。まれに別の病気の可能性もあるので、「治りが遅かったり症状が重い場合には医師の診察を受けた方がよい」と専門家はアドバイスする。


しもやけは凍瘡（とうそう）と呼ばれる皮膚病の一種だ。手や足の指、耳たぶ、鼻などによくできる。小さな赤い斑点ができたり、その部分全体が赤っぽくなって腫れたりする。

防寒が不十分で皮膚が冷気にさらされると手足や耳たぶなど体の末しょう部の血の巡りが悪くなる。皮膚表面の静脈で血流が滞り、細胞に十分な酸素や栄養が行きわたらず組織が破壊される。これが進行するとしもやけになる。ひどくなると水疱（すいほう）や、びらん、潰瘍

（かいよう）などができる場合もある。

エアコンや温水器、自動洗濯機などの普及で、しもやけにかかる人の数自体は減ってきた。「それでも毎冬のように通院する常連さんも多い」と静岡市内で平松皮膚科医院を営む平松洋院長は言う。遺伝的な体質によって、しもやけができやすい人と、そうでない人がいる。

平松院長は、過去五年のしもやけによる来院患者数の統計を取っている。静岡という比較的暖かい地域ながら朝晩に氷点下前後の冷え込みが三、四日続くと、翌週には来院する患者数が増える傾向が出ているという。お年寄りと子供の患者がほとんどで、大人はまれだそうだ。

防寒が十分でも、しもやけができる場合がある。靴を履いていてもできる足の指のしもやけなどは、その代表的な例だ。これは湿気が原因。汗が蒸発する際に気化熱が奪われ、皮膚が冷えてしまう。

予防策は水気を皮膚に付けないことだ。特にスキーなどをしていて蒸れた靴下を長い間はき続けたりするのは要注意。こまめに取り替えた方がよい。

子供では雪遊びをした後は水気をよくふき取り、手をもむようなマッサージをするだけでかかる可能性をぐっと低くできる。赤ちゃんでは、よだれが原因でしもやけになる場合もあるので、そっとぬぐってあげるとよい。

しもやけになっても軽いうちなら軟膏（なんこう）などを患部に塗り、マッサージで血行をよくすれば症状は改善する。日ごろからの予防には、血行を改善する効果が期待できるビタミンEの飲み薬の服用が有効だ。どちらも薬局などで薬剤師などに尋ねれば手に入る。

温めてかゆみが起きたとき、患部をかくのはなるべく避けた方がよい。「かゆみがひどくてどうしても耐えられなかったら、傷つけないようにさするようにかく。小さな子供の場合、親がかいてあげるのがよい」（平松院長）という。

皮膚表面がジュクジュクし、水疱などができるような重症な場合、まず医師の診断が必要だ。症状にあわせて副腎皮質ホルモンを含んだ塗り薬などが処方され、治療を続ければ症状は改善する。

手足の腫れなど、しもやけに症状が似ているが、まれに別な病気の場合もある。自己免疫疾患の一種の全身性エリテマトーデスやクリオグロブリン血症といわれる病気の場合だ。

だから、防寒も湿気対策も十分なのに繰り返ししもやけができたり、なかなか治らない場合は、皮膚科の専門医に診てもらった方がよい。どちらの病気の場合も抗体検査などで正確に診断できる。

植物アレルギーが原因でしもやけに似た症状が表れるときもあるが、水疱やびらんなど重症の症状を示すことはまれだ。

一年で最も寒さが厳しい二月を前に、東日本では暖冬予報が修正された。まずはしっかりした防寒が基本。しもやけになったときの、たまらないかゆさを想像し、日ごろからマッサージなどを心掛ければ予防できる。

しもやけの予防及び治療法
・外出の際は帽子やマフラー、手袋をつける
・血行をよくするマッサージを励行
・手足がぬれたらすぐにふいて乾かす
・靴下が湿ったり、ぬれたらすぐに替える
・冷え込みが厳しいときは冷水の利用を避ける

［『日本経済新聞』二〇〇三年一月二八日夕刊］

資料の文章を全部丸写ししたのでは広告にはならない。どこをどうアピールするのか、必要なところと不要なところをよく吟味して、資料の中身を換骨奪胎する作業が必要である。対象は自由に設定すること。できれば広告主の社名も考えよう。

■第9章注

（1）広告表現を担当する制作者：広告業界ではクリエイターと呼ばれている。クリエイティブ・ディレクターと、彼の指揮下で表現作業に従事するコピーライター、アート・ディレクター、CMプランナーのことをいう。

（2）節季払い：節季払いとは掛け売りの決算期、普通、盆と年末の二回。江戸時代の呉服の売買は節季払い

で、切り売りではなく反物で売買するのが常識であった。それだけに割高になる。それを大胆に変革したのが、三井高利であった。

（3）平賀源内：本草学者。戯作者。高松藩の下級武士であったが、長崎で医学・蘭学を学ぶ。発電機エレキテルや寒暖計の発明、土用の丑の日にうなぎを食う習慣などを広めた。

付章

演習課題の作例と解説

第1章　達意の文の演習

(1) 原稿用紙を実際に使ってみる

第1章の演習で示した文章を、実際に四〇〇字詰横書き原稿用紙に書き写してみよう。タイトル・氏名のスペースをゆとりをもってとり、改行（段落の設定）は一マス空けて書くこと（次頁の書記例参照）。

(2) 身近な人を観察して「人物像」を書いてみる

自分ではない人間を観察して書く。これが第1章の課題2であった。次の文章は筆者の講座の受講生のものである。ビギナーが書いたとは思えないような、秀作である。

◆麻里子さんのお散歩

麻里子さんがテルと散歩に出るのは、毎晩六時半である。テルは黒いダックスフントで、彼と麻里子さんとは六年の付き合いになる。お散歩がその時間になるのは、麻里子さんの帰宅がその時間だからだ。ちょっとつらいと思うこともある。だが、こんな時間でも夫や大学に通う二人の娘の帰りよりも、早いのだ。この散歩から解放されるのは、夫が自宅にいる日曜日だけである。

原稿用紙の使い方

前田　巍

　原稿用紙を使って文章を書くときは、文字や符号を一つずつマス目に入れるようにする。句読点が行頭にくるときは、手前の行のいちばん後ろのマス内に入れるか、または欄外にはみ出して書く。疑問符（？）、感嘆符（！）は行頭にもってきてもよい。カッコ類の行末処理は、句読点のそれと同様である。

　段落は行を変え、始めは1マス空けて書き始める。アラビア数字は1マスに2字（12）、しかし、1桁、あるいは奇数桁の場合の末尾の数字は、1マス1字（123）とする。アルファベットは、大文字は1マス1字（AB）、小文字は1マス2字（abcd）である。

　原稿用紙を複数枚使用するときは、ページ番号（ノンブル）を入れる。

麻里子さんは、玄関の鍵を開けると靴を脱がずに鞄を置いて、出迎えたテルにハーネスをつける。彼はハーネスをつけやすいように、ぐんとお腹を上方に持ち上げる。この配慮は、実際はあまり助けにはならないのだが、彼女にはその心遣いがうれしい。こんなに私に気を遣ってくれるのはテルだけだわ〜、と思う。

この時間のいつものコースは、犬のお散歩銀座となっていて、毎日おなじみの顔と会い、お互いの犬を褒めあうことになる。お散歩仲間同士で知っているのは、犬の名前だけで、人間同士は名前も仕事も知らない。関心はお互いの犬だけだ。だからこそ楽しいのだと、麻里子さんは思う。愛犬を少しけなして、お散歩仲間に「そんなことないわよ」と言ってもらうのが楽しい。

テルはそんなにお散歩好きではない。暑い日は、彼は家を出るなり最短コースに麻里子さんを誘導する。

「コイツ、ひよるのよ」。

麻里子さんはお散歩仲間に言ってみる。「あら、そうなの?」と、お散歩仲間が笑う。こんな会話で、広報系学会運営の裏方としてすり減らした神経が緩んでいく。

テルと散歩をしながら考えるのは次のステップだ。定年後はテルと一緒に田舎暮しをしたい。「だんな様は?」とお散歩仲間に言われて、そういえば夫がいた〜と思う麻里子さんだ。お散歩仲間にテルのことと同じくらい夫の話をしているのに、麻里子さんは気がついていいない。

存在を忘れるくらい一心同体化した夫と、いつも寄り添うテルがいて、麻里子さんは自分自身が思うよりずっと幸せに見える。

【解説】　麻里子さんには大学生の娘がいるのだから、団塊の世代より少し若い年頃だろう。郊外の一戸建に住む、ほどほどに豊かな家庭の主婦らしい。

なんとなくあか抜けた都会的な美人で、おしゃれも行き届いているように推測できる。ここまでは書き手の上手さで、ごく自然に分かってくる麻里子さんの背景だ。

そんな麻里子さんの、愛犬を少しけなして、それを否定してもらう幸福。「コイツ、ひよるのよ」から職業の紹介。定年後の夢から夫婦のきずな。テルの散歩話を通して、麻里子さんの人となりがごく自然に語られるのである。

書き手は第一人称（私）を消し去って、対象を突き放して書いている。ここが良い。しかし主人公を見つめる眼差しは、あくまでも優しく温かい。夕暮れの住宅街の一角、お散歩仲間たちの立ち話の情景が目に浮かぶようで、読み手はとてもいい気分になるのである。

第2章　言葉を集める演習

小説や評論、随筆やコラムなどで、知性や感性を刺激する言葉に出会ったときは、すかさずメモする。あるいは書物の扉に書き込む。後でノートにとり、短めの感想を記しておく。自分の言葉を豊かにする一つの方法だ。これを「言葉のコレクション」と言っている。受講生の演習の中から、筆者が関心をもった例を数点挙げておこう。

●受講生の言葉のコレクション

①江國香織『きらきらひかる』

「『何かを決めたらすぐ報告する。そのうちだけどさ』クリーム色のドアがあき、僕はおふくろを箱の中に丁重に収めた。」

（言葉）

おふくろを箱の中に丁重に収めた。

（感想）

無下にはできない存在である反面、少し疎ましい母親。息子の感情がうまく表現されている。

②吉本ばなな『アムリタ』

「その後、私の心に起こった微妙な選択の波、幾千もの思いに満ちた決断の断層をうまく表現できるだろうか。」

（言葉）

決断の断層

（感想）

心を駆ける様々な思い。そこから導くべき結論が、あの地震解説に使われる断層のように幾重にも折り重なり、主人公を悩ませている様子が強調されている。

③浅田次郎『鉄道員』

「それらは古ぼけた制服の胸ふかく、たとえば機関車の油煙の匂いや炭ガラの手ざわりとともに、澱のように凝り固まっている記憶だった。」

（言葉）

澱のように凝り固まっている記憶だった。

（感想）

深海に降り積もる沈殿物が、長い静寂の時を過ごしたさまを連想させる。その記憶は誰にも触れさせないし、悟られたくない心の傷である。静かに押さえているが、内に秘めた激しい葛藤を表現している。

④鈴木武人『けたぐりコピー』
「どういうフィールドでもいい。みんなの足あとがついていない新しいコトバの雪原を見つけたら勝ちである。」

(言葉)

コトバの雪原
(感想)

誰も使っていない言葉を見つけた時の、まっさらな雪原に初めて足を踏み入れる喜び。わくわく感。勝利感。

⑤寺山修司『あゝ、荒野』
「バリカンは、新宿の街の夜景の中にしみじみと親父を叙情した。」

(言葉)

親父を叙情した。

(感想)

生まれて一度も注目されたことのない父親のことを、新宿の夜景に向かって切なく悲しく思い出した。

⑥Ｆ・サガン、朝吹登水子訳『優しい関係』

「ルイスの視線の中に、彼が私に投げ返していた私自身の精神的反射像の中に、私が認めたものは、ただ泣いているひとりの子供だった。この私、四十五歳のドロシー・セイムアが……」

（言葉）

精神的反射像

（感想）

他者は自分の鏡だとよく思う。人と接していると相手の態度や自分に向ける感情の中に、自分を見出すことが多々ある。それを「私自身の精神的反射像」という一言で表現していて、凄い。

第３章　「言葉を見つける」の実習

頭脳内操作の発想法で多用されるのが、〃言葉を見つけること〃と、縁もゆかりもないと思われるものに共通点を見つけ、両者に〃つながり〃をつけることだ。この二つは同時に行われることもある。

●言葉を見つける・つながりをつける

言葉を見つけることは、〃何を書くのか〃を考えるときに、誰でも無意識に考えている。何故なら人間は言葉を使って考えるからだ。しかし、内容やストーリーをおおよそ決めているのに、今ひとつまとまらない。〝何を言うのか〟の焦点がぼやけている。そういうとき、これだという言葉が見つかったり、何かとつながりがつくと、一気に目の前の霧が晴れる。〝言葉を見つける〟、〝つながるをつける〟という、その例文を見てみよう。

◆通勤サーファー

私には、この十年間守り続けていることがある。それは、どんなに電車が揺れても絶対につり革に摑まらないことだ。

始めは「誰が触ったかわからないつり革なんて不潔！」、などという思春期独特の潔癖さが原因だったが、今となってはそんなことはどうだっていい。もはや、つり革に摑まらないことは、自分に課した闘いなのだ。

こんなふうに言っても「つり革に摑まらないなんて、大したことないじゃないか」と、気安く思う人もいるかもしれない。だが、ちょっと待ってほしい。乗っている電車が、そんじょそこらの代物とは訳がちがう。最高速度一二〇キロでカッ飛ばす、怪速・京浜急行である。

ただでさえ速いのに、カーブでも速度を緩めず突っ込んで行くため、車内は非常に揺れるのだ。その中で何にも摑まらずに長時間立ち続けるのは並大抵ではない。速度の加減による縦方向の揺れと、カーブによる横方向の揺れ。この二つが織りなす複雑なうねりを足の裏に感じながらバランスをとっていく。気分はさながらサーファーだ。たとえ足元がふらつき脂ぎったオヤジとあやうく接触しそうになろうとも、ギャルにどれだけ足を踏まれようとも、決してつり革には摑まらない。

今日も私は何ものにも頼らず、揺れの波間を越えていくのである。

【解説】自画像とは、自分を見つめ、自分と対話して、人間としての自分を言葉にすることである。この書き手は、そのことがよく分かっている。依怙地な自分を見つめ、それを具体的に表す方法として、つり革を摑まない自分を書いた。

彼女の頭脳内操作がどのように行われたかは分からないが、快速特急の揺れる車内を、〝波・サーフィン〟だと連想した、つまり、その言葉を見つけた。そこで、彼女の筆は一気に走ったのではないかと、推測できるのだ。おそらく、この言葉の発見で、自分が書く文章のイメージが明確になったと思うのである。

同時に、いま言った連想とは、縁もゆかりもないサーフィンと電車の揺れに〝つながりをつける〟ことでもある。

芯になる言葉を見つけると、視界は一気に開けるのである。

第４章　構想と構成の演習

課題の「あまい王国」の三則五題、コンセプト、アウトラインを第２節の「路上喫煙の罪」を参考に作ってみよう。

(1)　コンセプトを考える

コンセプトは直接、文章の表面に言葉として現れてくるものではない。その根っこにある基本的な概念である。その文章を書く動機となったり、主題の源泉となったり、目的となったりする。「あまい王国」のコンセプトは何か。これは筆者の推測だが、書き手にとってデパートのお菓子売り場とは、非日常の異空間。一歩身をすべり込ませた瞬間から、小人国に迷い込んだガリバーのような気分になれる、夢の空間なのだ。小さいながらも広がりが感じられる「あまい王国」のすみずみまで、イメージをふくらませながら歩き回れる秘密の場所。この文章の発想の根にあるのは、お菓子売り場を、「日常からは遮られている境界線の向こうにしてしまう幸せ」である。コンセプトは「異空間にいる夢の時間」というところだろうか。

(2)　アウトライン

アウトラインは縦に線を引き、右が大項目、あるいは話の節目。左に話の内容や筋の展開上の注意事項などをメモする（次頁の図）。

●「あまい王国」のアウトライン

- デパ地下のお菓子売り場へ行くのは、私にとっては「旅」である
  - 時々、旅をする。それはとろけるように甘い旅だ
- エスカレーターは「あまい王国」への秘密のトンネル（異空間への入り口）
- お菓子売り場の様子
  - チョコレートの敷石
  - クッキーは家々の壁
  - ゼリーは宝石
- 結婚式が行われている
  - ショートケーキの上の苺は新婦のよう
  - レアチーズケーキはタキシードの新郎
- ああ、私はもう、この王国を去らねばならない
  - 上りのエスカレーターで目をつぶりながら思う
- また旅に来よう この秘密の王国へ

(3) 文章の三則五題

文章の三原則を考えることが、構想を練るということであるが、同時に、コンセプトもアウトラインも、文章の五題も構想する要点である。思考・発想は、常に前後し、横断し、カオスの中から生まれてくる。

「あまい王国」の場合の三則五題は、次のようになる。

◆「あまい王国」の三則五題とコンセプト

●文章の三原則

《何を書くのか》 「私の好きな時間」という課題に応えて、デパートの地下お菓子売り場の散策を書く。

《どう書くのか》 その売り場を「あまい王国」に見立て、お菓子を、家や街の敷石や宝石や結婚式などに置き換えて、イメージいっぱいに書く。

《誰に書くのか》 出題者である文章講師に書く。

●文章の五題

《課題》 「私の好きな時間」を書く。

《話題》 デパートの地下お菓子売り場を「あまい王国」に見立てる。

《主題》 そこは私にとっては、秘密の異空間である。

《主題文》

私の好きな時間とは、デパートの地下のお菓子売り場を訪ねる時だ。そこは「あまい王国」。私はお菓子の小人国に迷い込んだガリバーのよう。夢をふくらませながら歩き回る。この時間は私の秘密の、いとおしい時間だ。

《表題》

あまい王国

●コンセプト　異空間にいる夢の時間

第5章　お喋り文改訂の演習

すでに第5章で述べた通りであるが、喋るように書いた文章は、主語と述語が整合しない〝ねじれ文〟になってしまったり、一文中に複数の話を詰め込んで脱線したりする。また、必要なことを省略して文意が届かなかったり、書き過ぎて混乱したり、適切な言葉を使わなくて誤解を招いたりする。ここで、そういう文章に戦いを挑んでみよう。

解答欄を読む前に、第5章の演習の問題をペーパーに写し、あなたの解答を併記して、次の挑戦を読んでほしい。

(1)に挑戦

この文章は次の三つの文が、一つの文として書かれているところから、混乱を来している。複々線になっている。

A　タバコそのものは十円にも満たない品物である。
B　(国は)それに税金をたっぷり塗りたくっている。
C　喫煙者はそれを毎日のように買っている。
AとBは一文として成立する。Cは別個の文であるから切り離し、A＋Bの句点の後につなぐ。書き手の気持ちを察して〝それ〟を税金がたっぷり塗られたタバコとする。
【解答】タバコそのものは十円にも満たない品物なのに、(国は)それに税金をたっぷり塗りたくっているのだ。喫煙者は価格のほとんどが税金というタバコを毎日のように買っているのである。

⑵に挑戦
これも複線文。同時に信頼を受ける語が部活では、整合しない。
A　信頼は大切である。
B　〝ということについて言うのであれば〟は不要、削除する(『私自身も経験がある』という意味である)。
C　それは高校時代の部活のサッカーで、選手間に生まれた信頼や監督との信頼関係(という良い経験)がある。
【解答】信頼は大切である。私自身も高校までの部活・サッカーでの選手間に生まれた信頼、また監督との信頼関係という良い経験がある。

⑶に挑戦

この文章は主語と述語が整合しない、ねじれ文の一種である。このまま読むと「私の家に」は「焼き肉屋が並んでいます」という、辻褄の合わない文になる。

【解答】 私の家はセメント通りという、およそ百メートルぐらいの一本の道路に何軒もの焼き肉屋が並んだ〝ところに〟あります。〝ところに〟を入れるか、もしくは〝先に〟とするかである。

⑷に挑戦

これも、主語の〝今日の授業〟と述語の〝わかりやすいということだ〟が合わない、ねじれ文である。この場合も言葉不足が原因になっている。

【解答】 今日の授業は、例文を使って一文一義と重点先行で書く方が、わかりやすいという〝内容〟であった。

⑸に挑戦

この文章も複線文だが、いままでのとは少し違う。複線を一列にする、つまり単線化するのではなく、単線を二本走らせる形である。例えば山手線と京浜東北線の併走のようなものである。

Ａ　映画を見て、何度感動したか数知れない自分。

Ｂ　映画を見て、実際の作品の一つ一つに何かしら感情が動かされる自分。

C　（そういう自分は）何かを学んだ心境になる。

数式めいた形をとれば、（A＋B）＋Cというところだろうか。

【解答】　映画を見て、何度感動したか数知れない自分。また、実際の作品の一つ一つに何かしら感情が動かされる自分。そういう自分は、いつも、何かを学んだ心境になる。

第6章　解読的読書の演習

論理構成図を作ってみる

第6章本文の構成図を参考に作図する。各段落のキーワードを抽出し、それをつないでいくと、比較的簡単に作ることができる。次頁の図はその一例である。

なお作り終えたところで、図の流れにそって概要文を書く。この文章についての、リテラシーが深まる。

【概要文】　哲学には二つの意味がある。学問としての哲学と、精神の運動としての哲学である。前者は個々の哲学者の資質や達成と結びついた体系であり、後者は日常的生活、現実的生活と結びついた思考である。

哲学は政治学、経済学、現実社会と関わりながらも、それにとらわれず自立を保持し、自らの新生命、新分野を開いていく。

ソクラテスがいう「知を愛する精神」こそ、真の哲学的精神である。そしてその哲学的精神は、

●「哲学と哲学すること」の論理構成図

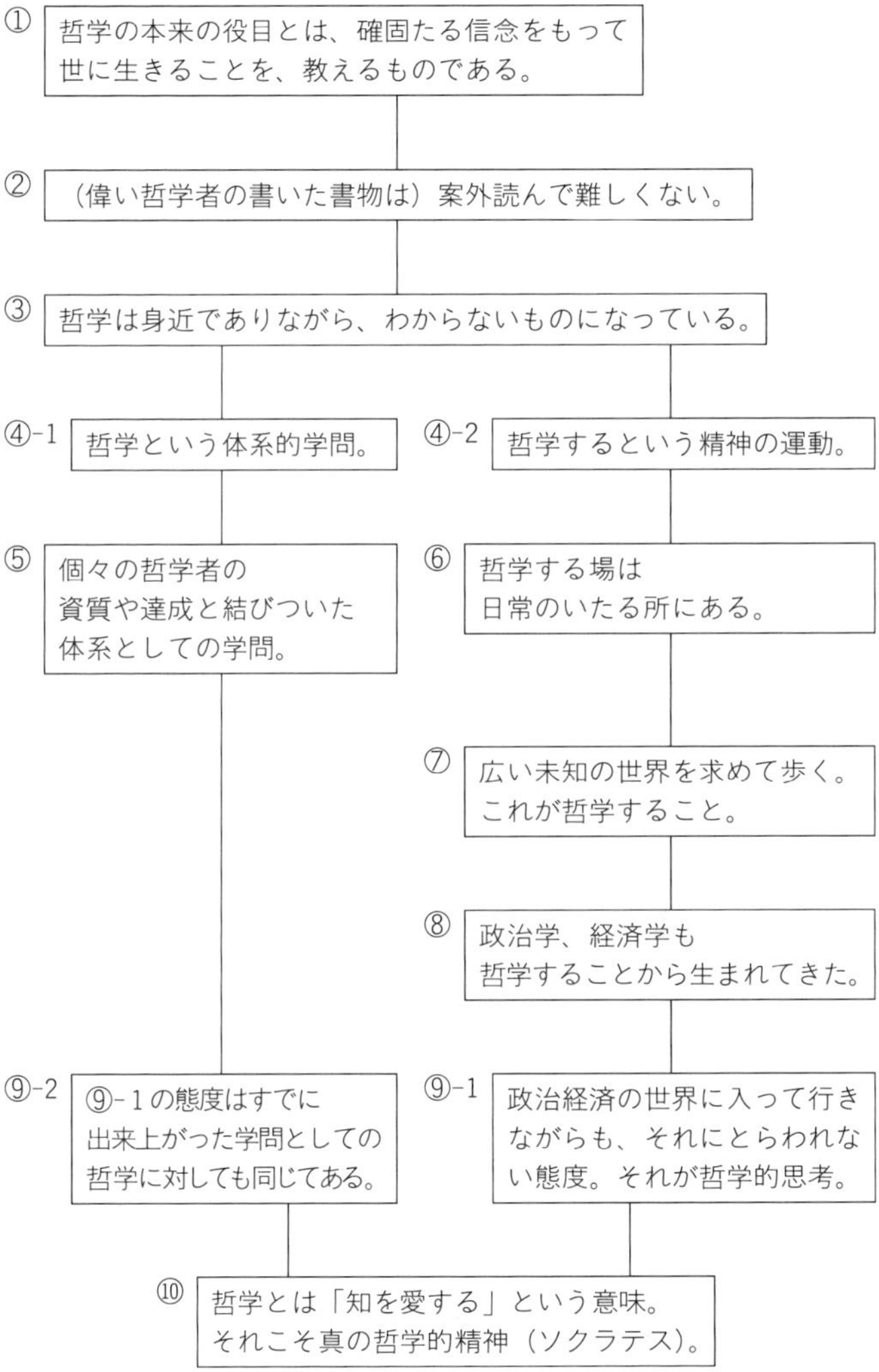
①
哲学の本来の役目とは、確固たる信念をもって
世に生きることを、教えるものである。
②
（偉い哲学者の書いた書物は）案外読んで難しくない。
③
哲学は身近でありながら、わからないものになっている。
④-1
哲学という体系的学問。
④-2
哲学するという精神の運動。
⑤
個々の哲学者の
資質や達成と結びついた
体系としての学問。
⑥
哲学する場は
日常のいたる所にある。
⑦
広い未知の世界を求めて歩く。
これが哲学すること。
⑧
政治学、経済学も
哲学することから生まれてきた。
⑨-2
⑨-1の態度はすでに
出来上がった学問としての
哲学に対しても同じである。
⑨-1
政治経済の世界に入って行き
ながらも、それにとらわれな
い態度。それが哲学的思考。
⑩
哲学とは「知を愛する」という意味。
それこそ真の哲学的精神（ソクラテス）。

哲学すること＝哲学的にものを考えること、の中にあるのである。

第7章　意見文の演習

意見文については第4章の「路上喫煙の罪」に対する「やるからには結果を」があり、調査報告レポートについては第7章のカフェを扱った「『フォレスト』の人気の秘密は？」がある。それぞれ参考になる。

第8章　文芸散文の演習

随筆は自分の体験や専門知識、思索などを材料にする。自由に、何物にもとらわれず、筆の進むままに叙述していくものである。

ここでは課題を与えられるのではなく、何を、どう、誰に書くのか、全て自由ということであった。そこで、恋愛をテーマにしたものを取り上げたい。恋愛は、経験した者にも未体験の人にも、興味と関心のある大きなテーマの一つである。

◆ジャンキーたちの夜

世界でもっとも強烈なドラッグが恋だ。この麻薬は、まるで春の熊みたいに突然、人を襲う。困ったことに、空気感染すらする。誰かのよく動く唇をじっと見つめていただけなのに、いつの間にか恋の感情が、黙ってそろりと側に寄り添っていることがある。

今までにも多くの人間が、詩や音楽や小説や絵や唄や、ありとあらゆる方法で、この麻薬の謎めいた作用を描写しようとしてきた。二人でいる夢のような時間、そして別れのつらさ。中には麻薬の服用が過ぎて、抜け殻のようになった人もいるに違いない。これはそういう、危険なドラッグなのだ。

でも、誰だってその麻薬を服用せざるを得ない時はきっと来る。ひどく胸が痛んだり、真夜中の街をほっつき歩いたり、午前三時に相手の家にワンコールだけの電話をしてみたりする。そんな哀しく苦しい幻を見る日もあるだろうけれど、時々は魂から輝いて、行く先に光が満ちあふれるような素敵な夢を、このドラッグは見せてくれる。

幻想でできた恋から、平穏で怠惰な愛への移行は、強烈な麻薬中毒からゆっくりと醒めていくことに似ている。今まで居た桃色の闇は、ドラッグが見せていた幻の世界だったのだと自認し、人は嘆息して日常に復帰する。恋の思い出だけが、やけに美しく、小さな瞬きのように胸に残る。失った感情を探しても、それは天上の星たちのようにあまりに遠い。

いい夢ばかりは見られない。しかも麻薬はいつか必ず醒める。だが、もしも目の前に機会が落ちていたら、臆病になることなく、その恋を飲み下してしまえばいい。何度でも麻薬の夢に溺れてしまえばいい。泣いてわめいて、ぼろぼろになっても、人はまた必ず恋をする。天の星に手が届く夢を見る。結局、人は恋することが好きなのだ。だってそれは、この世で最高のリーガルドラッグなのだから。

恋は麻薬だという発想は決して新しいものではない。しかし、これほど見事に言い切られると感動すら覚える。

麻薬というキーワードを軸に、胸を突くような言葉を随所に配置して書きつづっていく文体は、強い説得力をもって読み手に迫って来る。ごく普通の発想を表現力で熱い主張に高めたのである。

恋を概念的に捉えようとして、抽象的な言葉を連続していると受け取るとしたら、それは間違っている。例えば「二人でいる夢のような時間」「別れのつらさ」「真夜中の街をほっつき歩く」「午前三時のワンコール」。これらは経験者には、手に取るような目に見えるような〝具体〟として迫ってくるのだ。最後のリーガルドラッグという言葉も素敵ではないか。二十代後半の若さと激しさが覗える一文である。

第9章　広告コピーの演習

新聞記事を材料に広告コピーを書いてみる

広告の文章は、広告主のオリエンテーションと提示された資料を読み解き、コピーライターの思考を加えて書き上げる。ここでは特定の広告主ではなく、新聞の囲み記事を広告主の資料に見立て

指先の風邪にご用心。

どうしようもないかゆみ、赤っぽい皮膚の腫れ…。冷え込みの激しい時期に生じる「しもやけ」は、主に手や足の指、耳たぶ、鼻などにできやすく、時には日常生活にも支障をきたす厄介者。いわば“皮膚の風邪”とも言えます。でも、それなりの知識があれば、悩まされることもありません。風邪と同じように、未然に防いだり早急に治すことだって可能なのです。私たち「しもやけ撲滅機構」の長きにわたる研究の成果をごらん下さい。

とにかくイイコトがない!

しもやけ被害続出!?

「イヤッ!」（東京都／R・Tさん）

彼女とデートでのこと。しもやけにかかってしまった僕の手を見た瞬間でした。「いやっ!」と手をつなぐのを拒否されてしまいました。・・・(泣)

「柔道部?」（長野県／T・Yさん）

小中高と部活はサッカー一筋で生きてきた私。この前合コンで、しもやけになった私の耳を見て、「元柔道部?」と訊かれて返答に困りました。

「履けない」（北海道／M・Kさん）

しもやけって本当に困りますね。これからいざ出勤っていう慌ただしい朝、足が腫れて靴が履けず、欠勤してしまいました。言い訳にもひと苦労です!

なりそうな気配を感じたら…

自主予防はデキル!

○防寒を徹底する

皮膚が冷気にさらされると、血の巡りが悪くなって細胞に栄養や酸素が行き渡らなくなります。外出時は、帽子やマフラー、手袋などを身につけて防寒しましょう。

○「水」に気をつける

水気を皮膚に付けないことも、立派な予防策。例えば、靴を履いていてもできる足の指のしもやけは湿気が原因。汗が蒸発する際に気化熱が奪われ皮膚が冷えるのです。

○マッサージする

日頃からマッサージなどを心がけておくことも大切です。手をもむようなマッサージをするだけで、しもやけにかかる可能性をグンと低くできます。

万一かかってしまったら…

自主治療もデキル!

○血行を改善する

しもやけになっても軽いうちなら軟膏を患部に塗り、マッサージで血行をよくすれば、次第に状況は改善されていきます。ビタミン E の服用もおすすめです。

○かかずに、さする

温めると起こるかゆみ。しかし、なるべく患部をかくのは避けましょう。かゆみがひどくて耐えられない時は、傷つけないように、さするようにかいてください。

○あきらめて病院へ

皮膚表面に水泡ができるような重症の時や一向に治らない時は、医師の診断が必要です。しもやけに似た別の病気の場合もあるので、専門医に診てもらいましょう。

しもやけ撲滅機構

てコピーを書くという方法を採用した。

この演習は、広告文を書くことを通じて資料の必要箇所を取り上げ、不要な部分を捨てる。つまり情報の読解と再構成を実習するものである。

前頁で例に挙げたコピーは、まず広告主を「しもやけ撲滅機構」として、公共機関のような体裁を取った。そのアイデアが、良い。次に、A４大のスペースで雑誌の文字広告のスタイルをとり、病状、予防、治療と分け、それぞれに項目を立てて説明するという形をとっている。病状欄のユーモラスな内容も、工夫の後が見受けられる。立場としては、〝評論家の立場〟ということになるだろうか。

参考文献

朝倉勇著『詩集　神田川を地下鉄丸の内線電車が渡るとき』歴程社、一九八〇年
アラン著（桑原武夫訳）『芸術論集』岩波書店、一九四一年
井上ひさし著『自家製文章読本』新潮社（文庫）、一九八七年
小海永二・深沢忠孝著『現代の文章』有精堂、一九八一年
斎藤美奈子著『文章読本さん江』筑摩書房、二〇〇二年
清水幾太郎著『論文の書き方』岩波書店（新書）、一九五九年
谷川徹三著『哲学案内』講談社（学術文庫）、一九七七年
野末敏明著『コトバのイメージ学』電通、一九八六年
深川英雄著『ひらめきへの招待　発想語典』電通、一九九〇年
福田恆存著『批評家の手帖』新潮社、一九六〇年
ヘルマン・ヘッセ著　フォルカー・ミヒェルス編（岡田朝雄訳）『ヘッセの読書術』草思社、二〇〇四年
前田巍著『文章の勉強』大修館書店、一九九九年
丸谷才一著『文章読本』中央公論社（文庫）、一九八〇年
J・W・ヤング著（今井茂雄訳）『アイデアのつくり方』TBSブリタニカ、一九八八年

あとがき

もう十年近く前、『文章の勉強』という本を書いた。大学で「文章表現法」を担当していて、その講義ノートをベースにしたものだった。この本がきっかけとなり、五年前からライターを志す一般社会人の文章講座を受け持つようになった。ここでも『文章の勉強』を使用したが、大学とは異なる新しい内容をつけ加えて、話をしていた。

この『文章のレッスン』は、その講義ノートをベースにしている。前著と同様、部屋で考え机上で書き上げたものではない。聴く人、質問する人、課題を書く人を目の前にして、私自身が考え、答え、調べ、学んだ結果の作物である。

講座は、㈱宣伝会議が主催する「文章表現力講座」で、これは春から夏、秋から冬、年二回のそれぞれ十回の連続講義だ。今回はそこでの話を中心に、コピーライター講座、編集ライター講座やウェブライター講座のものも加えて、書き上げた。

本書の出版については、前回と同じように大修館書店の康駿さんのお世話になった。原稿を丹念に読みこみ、これぞ正しくプロの指摘だと思われる数多くの助言をいただいた。ただ、感謝のひと言である。

今回は私の講座を支えてくださった、高橋悟志氏、小川真由子さん、その後の調恵介氏、今の担当の前田裕子さん、それにチーフの須藤昌陽氏にもありがとうと言いたい。

最後に、一部は大学、ほとんどは講座受講生の皆さんの作品を活用させていただいた。本書の性格から、なるべく読者に近い人たちの優秀作が良いと考えたからだ。大学での学生の模範作はすべて平塚富士雄、富士子とし、講座では会場のある東京・青山通りから、青山通雄、青山通子さんとして優秀作を配布し、教材の一部に使っている。今回、それを使わせていただいた。たくさんの平塚くんたち、青山さんたち、ありがとう。心からお礼を言います。

前田　巍

二〇〇八年三月

ま行

や行

ら行

わ行

な行

は行

索　引

[著者紹介]
前田　巍（まえだ たかし）
1935年　滋賀県生まれ
1958年　同志社大学経済学部卒業
電通のコピーライター、クリエイティブ・ディレクター、
シニア・クリエイティブ・ディレクターを経て、
神奈川大学経営学部講師。
東京コピーライターズクラブ会員。
日本広告学会会員。

文章《ぶんしょう》のレッスン

NDC816／ix, 333p／19cm

初版第1刷——2008年4月10日

著　者——前田《まえだ》　巍《たかし》
発行者——鈴木一行
発行所——株式会社大修館書店
〒101-8466　東京都千代田区神田錦町3-24
電話03-3295-6231 販売部／03-3294-2356 編集部
振替00190-7-40504
[出版情報] http://www.taishukan.co.jp

装丁者——下川雅敏
印刷所——壮光舎印刷
製本所——(株)ブロケード

ISBN978-4-469-21319-5 Printed in Japan